Nicole + Gilbert Tutsmuni

UNE SAISON CHEZ LACAN

DU MÊME AUTEUR
chez le même éditeur

Romans :

LE GREC
LA VEUVE
OUT
PALM BEACH
SUNSET

Théâtre :

LA MIENNE S'APPELAIT RÉGINE
L'OPÉRA DU FOU
Préface de Anthony Quinn

PIERRE REY

Une saison chez Lacan

récit

ÉDITIONS ROBERT LAFFONT
PARIS

© Édition°1 et Robert Laffont, S.A., Paris, 1989
ISBN 2-221-06502-6

*A la mémoire du Gros,
sans qui les choses...*

« Espérez ce qu'il vous plaira. »
Jacques LACAN
in « TELEVISION »

I

Pacifique

1

Il existe non loin de Los Angeles une plage de sable gris où viennent s'écraser les rouleaux du Pacifique.

L'endroit s'appelle Venice. Parallèle à la mer s'étire une avenue bordée de minuscules cabanes en planches polychromes, ornées souvent de fresques naïves aux couleurs agressives, où l'on vend des saucisses chaudes, des sandwiches à la viande et des nourritures végétariennes. Entre la mer et l'avenue, une coulée de béton a été répandue sur le sable et aménagée en gymnases de plein air. Sous l'œil des passants, les habitués y jouent au paddle-tennis, s'exercent à la barre fixe, frappent dans des sacs de boxe ou glissent sur la surface dure du béton, les pieds arrimés à des patins à roulettes.

Venice n'est que cette parallèle de sable et d'écume enserrant du béton hérissé de palmiers. Le sol est jonché de papiers gras, de gobelets de carton vides et d'amas de sable que le vent a poussés de la mer. Sur les stades en miniature s'exercent des athlètes, les reins moulés dans des pantalons de toile bleu jadis, le torse nu aux muscles exagérément développés par l'incessante pratique des haltères dont l'énorme masse de fonte retombe avec un double choc sourd pendant que tourne, indifférente, une torsade de patineurs dans le chuintement feutré des roulements à billes, le Walkman fixé dans la ceinture, les écouteurs vissés aux oreilles, rythmant leur glissante coulée, pour eux seuls, de la musique qui les coupe.

Octobre touchait à sa fin. Je marchais lentement sur la plage dans une brume dorée de fin d'après-midi. Il n'y avait pas beaucoup de baigneurs, mais ceux que j'y rencontrais n'avaient pas la couleur locale. Je veux dire que contrairement aux Américains de la côte Ouest, ils avaient permis à leur histoire, jour après jour, de s'inscrire sur les traits de leurs visages. Celle de la veille, et beaucoup d'autres encore, vécues autrefois, ailleurs peut-être. J'étais en maillot comme les autres. Parfois, je me couchais sur le sable et renversais la tête en arrière jusqu'à ce que me prenne le vertige à suivre le vol souple et silencieux d'une mouette. Ou alors je regardais vers l'ouest, du côté du large, je fixais le soleil rougeoyant et mes yeux, lorsqu'ils s'en détournaient, ne percevaient plus du monde alentour que des taches blanches fugaces dont les vibrations étreignaient ma rétine en une pulsation scandée de douleur douce. Des images se baladaient dans mon crâne, que je subissais, me bornant à les laisser défiler dans l'apparent désordre où elles jaillissaient avant de s'évanouir, ne semblant avoir aucun rapport les unes avec les autres, bien que j'eusse l'intuition confuse qu'elles s'articulaient autour d'un centre à découvrir mais qui me restait encore invisible – probablement n'avais-je aucune envie de le voir.

Parfois, j'étais croisé par des hommes et des

femmes qui couraient le long de la plage et je les imitais, heureux de sentir le sang cogner à mes tempes et la crampe envahir les muscles de mes cuisses et de mes mollets lorsque j'accélérais ma course et que le sable humide résonnait de plus en plus vite sous mes pieds. Le soleil pénétrait maintenant dans une brume lointaine qui en assourdissait l'éclat, le tranformant en un disque rouge posé sur un plateau d'une brume plus opaque frangeant la ligne d'horizon. Plus loin, j'arrivai à une digue grossière dont l'avancée mordait la plage de ses blocs de roche rugueux aux arêtes vives. A leur base, la mer avait laissé des flaques et sur les roches humides et verdâtres venaient battre de longues algues finement dentelées qui dansaient sous la succion de l'eau quand elle s'engouffrait sous la roche pour y mourir dans un clapotement de sel et de varech. Je saisis un petit crabe entre mes doigts et observai la ligne blanche dessinée dans la chair de mon index par la morsure de ses pinces. Je le déposai sur le sable. Il partit en sens inverse de la mer, vers les dunes. Je le rattrapai, m'en emparai de nouveau et le rejetai à l'eau.

A cet instant, une énorme vague imprévisible me suffoqua sous sa giclée froide. Je repris ma course. Je retrouvai pleins de sable mes vêtement roulés en boule. Je me frictionnai longuement, enfilai ma chemise, mes jeans, pris mes espadrilles sous le bras et fus tenté de revenir vers la rue : j'avais besoin d'un bistrot et d'une bière. Je regardai la mer une dernière fois.

Sur ma gauche, très loin, bien au-delà de Marina del Rey, j'apercevais le panache de fumée craché par les gros porteurs qui s'envolaient de l'aéroport pour tracer une longue arabesque du côté de Santa Monica avant de s'évanouir à l'est. C'est à cet endroit du Pacifique, au large, qu'avaient lieu fréquemment les passages de baleines. Beaucoup de mes amis les avaient aperçues, se déplaçant en groupes folâtres à quelques miles de la côte. Des canots à moteur les suivaient souvent, sans qu'elles s'en émeuvent ou cessent de jouer, projetant leurs énormes masses souples et grises, sur la crête des vagues, ou alors, d'un coup de queue nonchalant, piquant dans les profondeurs marines pour reparaître cent mètres plus loin en expirant un geyser de vapeurs arc-en-ciel. Jamais encore je n'avais eu la chance de les voir. En revanche, une année après l'instant que je suis en train de décrire, il m'avait été donné de faire la pêche miraculeuse des Évangiles. J'habitais Malibu, une grève grise où s'essaimaient des maisons de bois bâties sur pilotis que les vagues ébranlaient le soir, à marée haute. En direction de l'ouest, la terre la plus proche se situait à six mille kilomètres.

Un soir, vers deux heures du matin, je fus tiré de ma lecture par les aboiements insistants d'un chien. Je sortis sur la terrasse. Comme chaque nuit, de violents projecteurs placés sur la façade des maisons illuminaient la mer de leur lumière crue, creusant chaque monticule de sable d'ombres dures. Je ne compris pas tout de suite pourquoi la plage, à perte de vue, était devenue un palpitant tapis métallique couleur d'argent.

Je dévalai l'escalier, bondis sur le sable et m'enfonçai jusqu'aux chevilles dans une glue épaisse et froide de poissons vivants grouillant sous la plante de mes pieds. Il y en avait des milliards. Quand les rouleaux écumeux les rabattaient en grondant sur mes cuisses, sous leur pression, l'eau noire et phosphorescente se métamorphosait en nappe de mercure solide. Il me suffisait d'ouvrir les mains sous l'eau et de les refermer pour les sentir emprisonnés entre mes doigts, essayant d'échapper à mon étreinte par de glissantes saccades. Je remontai chez moi quatre à quatre et redescendis avec un sac en plastique qui fut plein en quelques minutes. Je le posai à l'abri des vagues sur un rocher et revins vers la mer pour observer.

Et entendre.

Car, réellement, j'entendis le cri des poissons. Les femelles étaient plantées verticalement dans le sable, leur seule tête émergeant, gueule spasmodiquement ouverte comme pour une respiration difficile, laissant échapper une espèce de gémissement sourd tandis que les mâles, par grappes, se pressaient contre elles, indifférents dans ce ballet d'amour et de mort à l'asphyxie qui les guettait, toujours plus loin et plus loin de la vague qui n'arrivait plus jusqu'à eux. Certains, par bonds désordonnés, tentaient de retourner vers la mer en un ultime instinct de survie mais la plupart s'abandonnaient, ventre en l'air, inertes. Je devais apprendre le lendemain qu'il s'agissait des « grunions ». Une fois par an, quinze jours avant la plus haute marée, ils arrivent de la nuit pour frayer sur les côtes du Pacifique s'étendant sur des centaines de kilomètres du nord de San Francisco à la pointe sud du Mexique. Lorsque les œufs fécondés sont confiés à la fragile garde du sable sec qui les recouvre, les survivants, destinée accomplie, repartent vers le large pour y mourir. Le treizième jour après la ponte, la minuscule coquille d'un jaune translucide éclate.

Quarante-huit heures plus tard, avec une rigoureuse précision d'horlogerie, la plus haute vague de la plus haute marée balaie le rivage et ramène les alevins dans le ventre de la mer. Eux aussi, pour que d'autres puissent vivre, allaient devoir mourir un jour dans l'acte sexuel ultime.

Au moment où je m'apprêtais à quitter la plage dans cette lumière mourante de Venice, je n'avais pas encore été témoin de l'étrange cérémonial des grunions, mais l'idée me frappa soudain – peut-être celle que j'avais repoussée plus tôt – que j'étais mort. Car mourir, c'est oublier. Et je ne me souvenais de rien, malgré certains amis qui s'obstinaient à me servir de mémoire en me racontant les hauts faits de naguère, inconnus, d'un étranger dont ils me juraient qu'il était moi.

Je ne savais plus pourquoi j'étais là, ni depuis quand, ni pour combien de temps encore, ni ce que j'y faisais.

Ce n'était pourtant pas la première fois que je mourais.

A Paris, quand j'étais vivant entre deux morts, il m'arrivait d'aller vers les quatre heures de l'après-midi à la Coupole pour y déjeuner seul d'huîtres et de viande crue. Les garçons n'avaient pas encore allumé les lumières, et le fond de la salle où j'aimais à me réfugier ressemblait à une immense caverne sombre. A cette heure, il n'y avait pas de clients.

Souvent, nous étions deux.

L'autre, c'était Sartre. Je n'ai pas souvent prêté attention aux plats qu'il commandait, mais je me souviens qu'il buvait toujours le même vin, délicieux et très cher, du château-canon.

J'admirais Sartre pour une grande partie de son œuvre mais me posais des questions sur la pérennité de ses écrits philosophiques où invention, création et imaginaire cédaient le pas au discours plus convenu de la culture universitaire.

La culture, c'est la mémoire de l'intelligence des autres.

Hormis quelques appareils digestifs exceptionnels, elle ne produit que de la culture, un discours sur un discours, à l'infini, qui se déploie dans les limites sans surprise du registre de la loi : la nier, la combattre ou la subir, dans tous les cas, c'est encore la reconnaître. Hegel, dont Sartre s'est largement inspiré, l'avait admis lui-même avec humilité en constatant que depuis vingt-quatre siècles les gains de la philosophie se bornaient à « des notes en index à l'œuvre de Platon ».

Un index relève de la culture. Et la culture est *continuité*.

La création, son contraire, est *rupture*.

Au hasard de l'imprévisible dynamique de son émergence, elle sécrète sa propre loi sur les décombres du système qui la précède comme le démontre le monotone parricide de l'histoire de la pensée. C'est pour cela qu'elle est *maudite*, comme furent *maudits* tous les grands créateurs.

Sartre est-il maudit ?

A propos des trois moments de la dialectique hégelienne, les mots de Lévi-Strauss me résonnent encore à l'oreille : « Le jour où j'ai compris que thèse, antithèse et synthèse étaient le fondement de l'Université, j'ai quitté l'Université. »

Sartre en était-il sorti ?

C'est alors que je vis les baleines.

J'en comptai six. Elles chevauchaient la ligne d'horizon, traçant leur route puissante sur une plaque de cuivre. Elles étaient aussi merveilleuses et vraies qu'on me les avait décrites.

Je voulus dire merci. Mais, ne sachant pas très bien qui me les avait offertes, à tout hasard, je dis merci à la mer.

Je les suivis tant que je pus du regard. Elles disparurent.

La nuit allait tomber et chasser cet extravagant ruissellement de pourpres. Je repris ma marche sur le sable sec et frais, heureux de savoir que les baleines existaient vraiment.

Puis je me demandai comment, sur cette pointe de la Californie, en cette lumière d'automne qui basculait, j'avais pu penser à Sartre. En refaisant le trajet à l'envers – Marx, Lévi-Strauss, Hegel, Sartre, la Coupole, brasserie, bière –, je sus que c'était à cause d'une bière. Il avait écrit : « On est ce qu'on fait. »

J'avais la certitude absolue du contraire : on est ce qu'on ne fait pas. Je savais de quoi je parlais : je n'avais commencé à être qu'en cessant de faire. Depuis quatre ans, ma vie était une non-action parfaite. Je ne faisais strictement rien. J'étais devenu un buveur de temps. Je l'aspirais au goutte-à-goutte, attentif à sa coulée, dont j'ignorais le sens et le goût quand j'étais supposé ne pas le perdre, du temps que je ne prenais jamais le temps d'avoir le temps. Les creux se meublaient d'actions futiles comme les logements médiocres de guéridons surchargés de bibelots idiots qui, par compensation métaphorique, comblent le vide mental de ceux qui les empilent. Je ne savais pas encore dire non. J'animais des équipes, je prêtais l'oreille, pour me pénétrer de mon importance, à la logorrhée d'inconnus fades, j'entrais dans un magasin pour acheter des chemises, j'en ressortais avec des chaussures neuves, la vendeuse à mon bras, et, quand par miracle je n'étais pas phagocyté par les autres, j'appelais des amis pour leur poser la question la plus stupide qui puisse sortir de la bouche d'un être humain, « Qu'est-ce que tu fais ce soir ? » : Je faisais comme tout le monde.

Par horreur d'affronter le vide, je me fabriquais de la vacuité. Par crainte inconsciente de ma propre liquidation, j'annulais par un « faire » l'espace qui s'amenuise à chaque instant pour nous rapprocher de la mort. Au cours des siècles, on avait glissé du *Cogito ergo sum* au « Je fais, donc je suis » aussi dépourvu de logique que le *Credo quia absurdum*.

Malheureusement, il y avait des absurdités qui ne passaient pas. Depuis que je m'étais placé sous le signe du « Je suis parce que je ne fais pas », j'avais appris qu'il n'y a pas de temps *objectif* puisque, à loisir, je pouvais le rendre élastique, le réduire à néant pendant que tournaient les étoiles ou en faire un infini le temps d'une étincelle.

Le « non-faire » m'avait apporté ce présent royal, pouvoir donner au temps la durée de son désir. Selon mon humeur, je créais des temps végétaux où je me transformais en arbre, des temps mammifères où j'étais chien, des temps terrestres qui me faisaient nuage, des temps cosmiques pour la métamorphose d'une vibration et des temps minéraux où je devenais enfin pierre, avec ou sans majuscule.

L'enjeu donnait accès directement au « je » sans

quoi le « tu », le « vous », le « ils », nous restent à jamais interdits. Et à la loi non écrite qui impose sa coloration à nos existences : durée et intensité se repoussent. La barre qui les sépare marque la frontière entre plaisir et jouissance – pour atteindre à la jouissance, il faut mourir au plaisir. Pour entrer dans l'intensité, s'évader de la durée qui borne le plaisir en ce qu'il la jalonne. La jouissance l'annihile, temps sans durée, temps hors du temps des poètes et de leur fameuse seconde d'éternité que n'offrent que la peur, la mort, la victoire et l'amour.

Même l'ennui m'était devenu jouissance, l'ennui surtout, qui m'avait enseigné cette vérité : « On est ce qu'on fait » pour le regard de l'Autre, pour le sien, « *on est ce qu'on jouit* ».

Pendant que d'autres écrivaient sur le temps, son histoire, l'origine de la clepsydre, le fonctionnement de l'horloge, la trouvaille du cadran solaire, l'invention du calendrier, ou comment le découper, l'organiser, etc., je perdais le mien avec volupté, veillant jalousement à ce que personne ne m'en vole la moindre parcelle. Mon corps ou ma fantaisie me servaient de pendule. Je mangeais quand j'avais faim, m'endormais quand j'avais sommeil et me réveillais quand j'ouvrais les yeux. Je voyais le soleil se lever, tracer son ellipse, disparaître dans l'océan et j'étais presque choqué de ce mouvement qui dérangeait le silence en scandant des heures dont je possédais le sens mais avais perdu le chiffre.

Parfois, j'avais envie de créer. Me trottaient dans la tête quelques notes de musique, trois lignes de texte, l'ordonnance d'un tableau, le départ flou d'un poème, la projection d'un croquis. Mais qui n'allaient jamais à la guitare, la plume ou le papier, et s'évanouissaient par la force des choses avec la même brusquerie qu'ils s'étaient présentés à moi.

J'étais trop bien pour créer. La jouissance est un état de plénitude qui se suffit à lui-même. C'est pour cela qu'on ne peut rien en dire – si on l'éprouve. Dans le cas contraire, on supplée par le discours.

Moins on jouit, plus on explique. Moins on comprend, plus on affirme. En ce sens, les essais sur la création sont aussi cocasses que les études sur le temps.

En dehors peut-être de Platon, Malraux, Berenson ou Faure ne font pas plus exception à la règle du catalogue historique comparé, que Hegel dans son *Esthétique*, cent réponses au « comment », pas une seule au « pourquoi ».

La création ne vient jamais d'un bonheur. Elle résulte d'un manque. Contrepoids d'une angoisse, elle s'inscrit dans le vide à combler d'un désir dont on attend jouissance et de l'échec de son aboutissement. Autant dire qu'elle ne peut naître que d'un ratage, le *manque à jouir*. J'en avais même déduit que depuis le début des temps, toute création était contenue dans les dix centimètres séparant la main d'un homme du cul d'une femme. L'homme brûle de poser sa main sur ce cul. S'il va au bout de son geste, si la femme l'accepte, ils se retrouvent dans un lit et font l'amour. Il y a jouissance : rien n'est créé. S'il ne l'ose pas, fou de frustration, il rentre seul, compose *La Neuvième Symphonie*, peint *L'Homme au casque d'or*, écrit *La Divine Comédie* ou s'attaque au *Penseur*.

J'avais simplement oublié que la création est ailleurs, partout où se manifeste le manque – puisqu'il est de structure et nous conditionne, n'importe où, toujours. Et que cette main, se fût-elle posée sur ce cul, n'y aurait jamais rencontré ce qu'elle croyait y trouver. Pas davantage que ce cul, à supposer que les culs pensent, n'aurait retiré du contact de cette main la plénitude attendue. Pourquoi, en ce qu'elle échappe au sexuel, la jouissance ne résiderait-elle pas dans l'acte de créer lui-même ?

J'y songeais précisément en regardant ce marronnier, dans ce bar de Venice où je buvais enfin ma bière. Le marronnier était partie intégrante d'une reproduction de gravure du XVIIIe qui détonnait au-dessus des bouteilles de whisky, dans la cohue de types en jeans et maillots de lutteurs de foire, de filles blondes toutes en jambes dorées qui avaient poussé à fond le son de la machine à disques. Sous le marronnier, il y avait une bergère gardant ses moutons dans la paix champêtre d'un autre âge. Mais c'est le marronnier qui m'intriguait. Il était dessiné avec une telle précision qu'on ne pouvait le confondre avec nul autre arbre, chêne, hêtre, peuplier, acacia. Je compris soudain ce qu'il avait de particulier : le point focal que j'avais repoussé au cours de cette longue journée de flânerie sur la plage, ce autour de quoi avaient convergé mes idées sans l'atteindre, c'était lui, le marronnier. Pas celui de la gravure devant laquelle je béais dans le fracas des décibels, mais son semblable, en plus fragile, à gauche en entrant, juste après être passé sous le porche de la loge de la concierge, dans la cour intérieure pavée du 5, rue de Lille, dans le septième arrondissement, à Paris.

Au cours d'une saison plus longue que les saisons de tous les marronniers, je lui avais jeté un regard machinal, constatant au printemps l'éclosion de ses rares fleurs grêles ou, en automne, la chute de ses feuilles. Au fond de la cour, à droite, une porte à laquelle on accédait par quelques marches de pierre usées. J'étais déjà coupé de la rue, du bruit, du monde.

Un petit escalier en spirale, un palier, deux paillassons, deux portes noires. Je sonnais à celle de gauche : c'était là.

Lacan.

Là aussi que, pendant dix ans, j'avais joué ma vie. Là où j'avais fait le plus long de mes voyages. Là où je m'étais juré, tôt ou tard, de témoigner.

Le temps avait passé, je n'avais pas tenu la promesse que je m'étais faite. Et beaucoup de temps encore allait s'écouler entre l'instant où, accoudé au bar, je contemplais la gravure de la bergère sous le marronnier, et celui où j'écris ces lignes.

Les prétextes ne m'avaient pas manqué pour ajourner.

Le principal étant une question que je feignais de trouver insoluble : Comment l'écrire ?

La réponse était pourtant évidente : Comme je l'écris.

II

Généalogique

2

Le bonheur n'a jamais rendu personne heureux. Juste avant de passer à l'acte, la plupart de mes amis morts par suicide affichaient les signes extérieurs de l'équilibre et clamaient désespérément que tout allait bien.

Simplement, ils mouraient. Jusqu'à ce qu'ils se tuent, nul n'aurait pu soupçonner le poids de l'ombre ancienne qui oblitérait leur vie. Elle avait mobilisé leurs forces pour un combat perdu d'avance contre un adversaire sans visage. Leur façon de mourir le révélait enfin : trop tard. La mort précédait le diagnostic. Pour avoir l'un, il avait fallu payer avec l'autre.

G.S. était couvert de femmes, ce qui ne l'empêchait pas d'avoir froid. Il les consommait par dizaines, avec le sombre appétit des repus dont la règle est de n'avoir chacune qu'une seule fois. Grand seigneur, il laissait ses intimes profiter de ses restes. Il avait transformé son appartement du seizième en bordel permanent où les initiés, jour et nuit, pouvaient donner réalité à leurs fantasmes. Tout esprit de conquête ou de rivalité aboli, les glissements de partenaires s'effectuaient dans la chaleureuse complicité de l'abondance. Hors du cérémonial déprimant de la séduction où rôles, dialogues et attitudes sont convenus jusqu'à l'écœurement — en bien ou en mal, on connaît la fin de l'histoire — la brutalité sans fard de la situation rendait possible la distance intérieure qu'apporte en prime le sens du relatif.

Un matin, on vint m'informer que G.S. avait mis fin à ses jours la veille au soir. Il s'était bourré de barbituriques, lové en position de fœtus dans l'eau tiède d'une baignoire et, à coups de rasoir, sectionné les veines des poignets. Ceux qui ont découvert son corps m'ont dit qu'il avait sur les lèvres un sourire d'apaisement. Je pratiquais G.S. depuis assez longtemps pour ne pas m'en étonner : il venait de s'accomplir. En répandant son sang dans les eaux placentaires — nos songes nous ont livré l'équivalence dans l'inconscient du sperme et du sang —, il avait réalisé métaphoriquement l'inceste parfait, crime et châtiment confondus en quelques minutes d'intensité pure débloquant par magie la pesanteur d'une existence barrée par l'interdit.

Contrairement à ceux qui perdent la vie pour avoir refusé de parler de la mort, je l'évoquais souvent avec, peut-être, l'espoir naïf de m'en protéger. Elle m'avait pourtant frôlé un matin de printemps, à Cannes, dans un palace où tout est conçu pour la douceur d'être. Il était cinq heures du matin. Pour en oublier une autre, dont le souvenir me taraudait, j'avais passé la nuit avec une fille. Elle venait de me laisser. Je fumais dans mon lit sans pouvoir m'endormir. Je traînais depuis six mois cette blessure ouverte. Aucune cicatrisation n'était en vue malgré la façade chatoyante qui abritait mon manque du regard des autres. Je cueillai alors au vol, et l'isolai, une phrase qui venait de me traverser l'esprit : « Je comprends qu'on puisse se tuer. » Instantanément, je fus paniqué : je venais de verbaliser la possibilité de ma propre disparition. Non événementielle, comme lorsque l'on théorise sur le sujet, mais en tant qu'expression inconsciente d'un vœu mortifère.

A cet instant précis, toutes les cloches de Pâques sonnèrent.

Glacé, je me dirigeai vers la fenêtre, ouvris en grand les rideaux et dus fermer les yeux sous l'intensité de la lumière.

Je les rouvris, et ce fut comme si je sortais d'une tombe.

En bas, semblant jouer à la marelle entre les ombres longues des palmiers au lever du soleil, des jardiniers ratissaient le gazon autour de la piscine dans l'incandescente éclaboussure de ce matin d'avril qui rendait la Méditerranée aussi jeune que si elle était née de l'aube. Des colombes blanches roucoulaient, le monde venait mystérieusement d'éclore dans la splendeur chaude du soleil. Je sus que j'étais guéri, mais je tremblais toujours. Je tirai les rideaux pour recréer la nuit, absorbai un somnifère et m'endormis.

Je m'éveillai à midi. J'allai m'installer à la terrasse du restaurant juste au-dessous de mes fenêtres et commandai les mets les plus délicats, le vin le plus exquis. D'instinct, je savais que je devais prendre en considération l'état de ce malade sur lequel je posais mon regard pour la première fois parce qu'il avait failli mourir. Il fallait que je m'aime un peu. Souffrir m'avait fait médecin. Je venais d'apprendre le prix d'un chagrin d'amour.

A cette époque, la notion de paiement m'était pourtant étrangère. J'étais chroniqueur dans un quotidien, vivais en notes de frais très au-dessus de mes moyens et suivais avec ravissement la migration frivole des masques que je proposais, y croyant moi-même, à l'admiration de mes lecteurs. Je prenais des nains pour des dieux, des légendes de photos pour des êtres humains. J'avalais des rumeurs, je recrachais du vent.

Les journées commençaient presque invariablement par des visites d'huissiers venus me « saisir ».

Saisir quoi ? Je ne tenais qu'à l'oxygène.

Je n'avais pas trente ans, les fêtes se succédaient, mes dettes s'accumulaient, le quotidien m'éblouissait, l'extraordinaire était mon ordinaire, mes nuits, des feux d'artifice, et je maudissais le sommeil qui me volait du plaisir.

Ma confusion des valeurs était totale. Elle devint aberrante le jour où je découvris le jeu par ennui des galas. Je quittais de plus en plus tôt la table du dîner pour aller m'asseoir à celle du trente et quarante. Très vite, j'y restai vissé douze heures d'affilée, trois heures de l'après-midi, trois heures du matin, au rythme de la pulsation du cœur des casinos, trente vies trente morts toutes les trente minutes, entrecoupées de purgatoires où les croupiers battaient les cartes pour les remettre dans le sabot avant le début d'une nouvelle taille.

La vie en accéléré. Et pourtant, le contraire de la vie réelle où toute entreprise nécessite l'investissement d'idées, de travail, de réflexion et de temps. De temps surtout. Au bout de trois jours, six mois, dix ans, la réponse arrive sous forme d'un « peut-être ».

GÉNÉALOGIQUE

Au jeu, elle est instantanée, irrémédiable. Oui ou non, tout de suite. Aucun temps mort entre le désir et la sanction par laquelle il aboutit, flamboiement ou désespoir selon que les objets vous aiment en obéissant à votre appel secret ou se détournent de vous en répondant aux vœux d'un autre. On rencontre très peu d'idiots dans les casinos (l'idiot est sujet de l'idiotie parce qu'il n'est objet que de la Loi, et de ne pas la transgresser, en aucun cas de la jouissance) mais les monstres y pullulent – je faisais partie de la famille. En franchissant le barrage blasé des physionomistes, ils passent de l'autre côté du miroir pour s'identifier aux signes énigmatiques qui déchiffrent leur chance. Ils deviennent couleurs, cartes, nombres. Ils prennent des visages de dés. Les affaires terrestres ne les atteignent plus. Ils sont venus jouer, rien ne les empêchera de jouir.

Jouer-jouir : il ne faudrait sûrement pas creuser beaucoup pour découvrir que *jocare, joculari* et *gaudere* ont une très ancienne étymologie commune où la triple dérive de leur sens se concentrait en une unique racine signifiant simultanément jouer, éjaculer, jouir.

Jusqu'au jour où, m'ayant fait tant jouir, le jeu se joua de moi. C'était la fin de l'été. Depuis longtemps, pour obtenir des plaques à la caisse, je signais des bons qui tenaient lieu de monnaie. Leur total me foudroya.

Les retours sur Paris sont toujours maussades. Celui-ci fut catastrophique : me doutais-je alors que j'avais fait exprès de me mettre en danger ? Vieille habitude qui datait de l'enfance et illustre le mot de Dali (ses formules m'ont davantage enchanté que ses peintures) : « Le coup de pied au cul, c'est l'électrochoc du pauvre. » Dès qu'une situation me pesait, je m'arrangeais inconsciemment pour m'en faire exclure – j'ai appris depuis que la liberté, pour des raisons évidentes qui tiennent à la structure même de la langue, était au prix de *l'ex-clusion*.

Et que l'on ne peut *é-clore* que lorsqu'on est éjecté de ce qui est *clos*.

Le jeu n'avait été qu'une échappatoire de plus pour briser la circonférence des cercles. Je me noyais pour qu'on m'arrache à la maternelle, tombais malade pour éviter la communale, me battais pour être renvoyé du collège et, quand je ne copiais pas ouvertement sur mon voisin, je flânais sur les quais les jours de concours afin d'être *ex-pulsé*, avec quel soulagement, de l'Université.

Même chose en amour. Pour me déculpabiliser, la rupture ne devait jamais sembler devoir être de mon fait alors que, par mes propos ou mon attitude, je l'avais rendue inévitable. J'avais même réussi à me faire mettre à la porte d'une prison militaire où je purgeais une peine pour un motif que j'ai oublié. Il va de soi que ma vie professionnelle ne faisait pas exception à cette rage souriante de casser. Je déployais une énergie immense à investir des places fortes. Sitôt conquises, mon impulsion me poussait à les fuir.

J'avais une terreur morbide des positions acquises, de la répétition, des certitudes. Tout ce qui engageait l'avenir me gâchait le présent. Cette fois, je fus gâté. Je perdis mon travail, rompis avec les miens, me mis à fuir amis et relations, et m'écartai des lieux que j'avais fréquentés.

Table rase.

Depuis des années, je courais après mon ombre. Il fallait que je souffle. Je ne savais pas encore ce que je désirais, quoique j'eusse déjà payé cher pour apprendre ce que je ne voulais plus.

Bien plus tard, je devais lire la phrase de Lacan, « Les non-dupes errent ». En ce temps-là, aucun autre jeu de mots n'aurait pu mieux me coller à la peau : j'errais. Le nom de Lacan m'était parfaitement étranger. Je l'entendis prononcer pour la première fois par une fille blonde qui habitait l'immeuble d'en face et, sachant que je la regardais, se promenait nue depuis plusieurs jours devant sa fenêtre. Je la rejoignis un après-midi. Le soir, elle me demanda si je voulais l'accompagner « pour prendre un verre avec des amis chez Lacan, ce sera marrant ». Je devais avoir autre chose à faire. Mais pourquoi, si longtemps après, me suis-je rappelé ce nom ?

Parfois, pour me laver de mes soucis, je retournais faire du sport à la cité universitaire où j'avais résidé jadis. Je n'y étais pas le seul étudiant prolongé.

J'adorais la boxe. On croisait les gants avec qui le souhaitait, sans choisir ses partenaires. L'un d'eux me déplaisait particulièrement, ce qui était réciproque. Sa carrure gigantesque, ses cent trente-cinq kilos et sa force animale impressionnante l'avaient fait surnommer « Le Gros ». Je ne savais rien de lui, sinon qu'il était médecin. Avec un art fielleux, nous appuyions sournoisement nos coups pour nous descendre vraiment.

Quand l'un de nous était durement sonné, ce qui arriva à plusieurs reprises, l'autre se confondait en excuses hypocrites.

L'antipathie crée des liens. Bientôt, notre affrontement se transféra du ring au terrain dialectique. J'étais certain d'y prendre l'avantage. Je me croyais vif, je le jugeais lourd, je bénéficiais d'un passé alors que son épaisseur commune, ses costumes de confection et son absence de manières, aggravée par le dédain qu'il leur portait, semblaient devoir le priver d'avenir. Je le lui disais tranquillement, avec sadisme.

Il m'assenait un exaspérant sourire placide. Je contre-attaquais à coups de parisianisme, relations ronflantes, milieux éclectiques dont je possédais la clé, endroits fermés où l'on me déroulait le tapis rouge. Il me tournait le dos avec ennui, enchaînait sur les mythes celtes ou la dernière caisse de bourgogne qu'il avait reçue. Un jour que je lui demandai quelle était sa spécialité en médecine, il me confia, comme à regret et avec beaucoup de chichis, qu'il était *psychanalyste*.

Il était perdu : j'allais pouvoir lui expliquer Freud !

J'avais découvert son existence à l'âge de douze ans en raflant dans la bibliothèque de mon père un *Crapouillot* d'avant-guerre consacré à la sexualité. J'avais tiré deux conclusions du choc de ma lecture : les adultes mentaient aux enfants sur le seul sujet qui les passionne, la culture n'avait d'autre raison que servir de garde-fou aux pulsions. C'était écrit noir sur blanc, elles existaient, j'étais libre. La brèche était ouverte. Ma vie durant, j'allais l'élargir en dévorant Jung, Freud, Adler, Otto Rank, Ferenczi et les autres – sans chercher à approfondir ce qui les différenciait – aussi bien que les vulgarisations de leurs thuriféraires, que je plaçais sur un même plan. Quelques brèves passes et le Gros comprenait que je n'en savais guère plus que les spécialistes de magazines, c'est-à-dire rien. Le point zéro. Il me fit la charité de n'en rien laisser paraître. Au lieu de m'écraser, il entreprit un premier décrassage d'urgence à touches légères, ouvrant un champ qui piquait mon intérêt, opposant pour qu'elles me fussent renvoyées par effet de miroir un brusque silence aux questions trop puériles, s'abstenant de m'expliquer ce que je n'étais pas mûr pour entendre, généreux surtout au point de ne jamais tenter de me convaincre – dans « convaincre », il y a « vaincre », mais il y a surtout « con ».

Le con, c'était moi.

Avec mauvaise foi, je m'accrochais pied à pied pour ne pas lui laisser démolir trop vite les valeurs du système qui, jusque-là, m'avaient servi de béquilles boiteuses. Il en prenait un sacré coup. Mon narcissisme aussi. Au fil des jours, sans avoir l'air d'y toucher, le Gros, en gants de velours, continuait son patient travail de sape. A mesure que sa rigueur me débusquait de mes à-peu-près, j'entrevoyais avec effarement l'étendue de ce que j'ignorais. Par l'abord d'un angle imprévu qui tenait à un signe infime, il arrivait même à remettre en perspective les thèmes les plus rebattus de mes propres terres. Un soir, au cours d'un dîner, nous avions démarré sur la négation chez Shakespeare pour aboutir à l'impasse d'une virgule qui nous tint éveillés toute la nuit. Mais une virgule qui, suivant sa place, éclairait d'une coloration neuve l'énigme de la destinée humaine, selon qu'elle transformait la phrase en interrogation ou en affirmation : « *To be or not, to be, that is the question.* »

La ponctuation classique (« *To be or not to be* », etc.) consistait en un pas de danse entre la vie et la mort (« être ou ne pas être ») qui questionnait Hamlet. Celle du Gros (« *To be or not, to be* », etc.) se décryptait sous forme de réponse : malgré la « difficulté d'être », il faut choisir de vivre.

On ne m'avait jamais raconté ce genre de truc à l'école, je ne l'avais lu nulle part. Je découvrais pêle-mêle un savoir parallèle dont j'ignorais jusque-là qu'il pût exister. Il me restait fermé pour insuffisance de connaissances. Terrifié à l'idée de mourir idiot, je décidai de mettre les bouchées doubles.

J'avais tout mon temps. Bien que j'eusse toujours gagné ma vie à pisser de la copie, je voulus d'abord savoir si j'étais capable d'écrire. Par « écrire », il faut entendre l'aptitude à faire passer dans un texte la plus haute communicabilité émotionnelle à l'aide d'un matériau utilisé par tous, la lettre.

Avec, pour la forme, des moyens simples, sans *littérature* – le mot est à prendre comme *rature de la lettre*.

Et, pour le fond, le courage d'aller jusqu'au bout, meurtre compris, dans le dévoilement de la vérité.

Car, dès lors qu'elle se pratique sans masque, l'écriture est un meurtre. J'en fis la traumatisante expérience sur le clavier de ma première Smith Corona. J'avais coupé le téléphone et m'étais enfermé devant une feuille de papier vierge. Règle du jeu, la remplir en ne refusant rien de ce qui me venait à l'esprit, quel que fût le danger de l'écrire. Je restai hébété pendant de longues minutes, privé soudain du support du sujet, bloqué encore plus lorsque les premières phrases se présentèrent.

Non par l'articulation des mots qui me les offraient toutes faites, mais par le contenu des idées que provoquait leur enchaînement. Rien à voir avec l'écriture automatique des surréalistes dont les mots font musique à défaut de ne prendre sens que dans le non-sens. Ce qui m'arrivait était plus terrible.

Alors que la fonction la plus courante du langage est de l'occulter, je venais d'entrer par effraction dans l'horreur du sens pur dévoilé par la tornade de l'inconscient à laquelle je venais d'ouvrir la porte. L'usage de mes yeux tout neufs ne m'était pas encore familier (« Ils ont des yeux pour ne pas voir... »), simplement, il m'était désormais devenu impossible d'être aveugle.

Au bout de trois heures, la page était couverte de signes.

Personne ne la lirait jamais. J'étais épouvanté d'avoir pu la produire. En nage. J'avais cent ans. Mais je savais que le jour venu, je pourrais recréer cet état : je pourrais *écrire*.

Pressé par une nécessité irrépressible, j'avais déjà été, à mon insu, branché sur les paysages d'au-delà du miroir.

En l'espace d'une nuit, je rédigeais des pièces en un acte où s'opérait une catharsis dont le sens profond m'échappait.

L'une d'elles s'appelait *La Dame aux rats*.

C'était l'histoire d'une femme superbe – celle qui « n'existe pas » – vivant dans les égouts de Paris (à leur propos, elle parlait du « murmure des eaux de la rivière... ») au milieu d'une profusion d'accessoires

luxueux et baroques, candélabres en argent massif, lit à baldaquin du XVIIIe, tables en onyx, vaisselle d'or, etc., pour échapper à la prophétie d'une cartomancienne de quartier lui ayant affirmé qu'une explosion atomique était imminente. Au fond de son abîme, à la lisière de la folie, flanquée de deux animaux imaginaires, un iguane et un kangourou auxquels elle tient un discours passionné, elle nourrit des centaines de vrais rats. Passe un homme rencontré dans une soirée. Il est ambassadeur, la juge folle, en tombe amoureux, veut la sauver, lui rend visite. A bout de souffle, il arrive au bas des marches de fer qui conduisent aux abysses...
— A quelle profondeur sommes-nous exactement ?
— Soixante-trois mètres vingt-sept, répond la dame.
Le Gros avait lu la pièce.
— Pourquoi 63, 27 ?
— Par hasard.
— Il n'y a pas de hasard.
Avec brio, je m'employai sur-le-champ à lui démontrer le contraire. Un mois plus tard, nous sortons d'un dîner. Nous nous bousculons involontairement dans la porte à tambour du hall. Il soupire.
— Merde, qu'est-ce que tu es grand... Combien tu mesures ?
— Quatre-vingt-dix.
— 63 et 27, ça fait combien ?
Je jubilai : en dehors de l'intervention du hasard dont je soutenais l'existence, il n'y avait pas une chance sur un milliard qu'un nombre coïncidât avec la somme de deux autres pour donner ma propre « hauteur-profondeur ».

Le Gros se garda d'insister. Toutefois, à la cinquième observation du même tonneau, je dus admettre à contrecœur que le « hasard », de coïncidence, avait pris des allures d'habitude. Le doute commençait à me tarauder quand survint l'histoire du « quatre-quatre-neuf ».

Il avait en traitement une serveuse de bar de la quarantaine, presque analphabète, Mme B. Elle perdait régulièrement son travail pour s'évanouir « sans raison ». Bien entendu, elle avait fait l'accablante tournée des spécialistes : « Vous n'avez rien. »

A un détail près, elle continuait de tomber en syncope.

Finalement, elle avait échoué chez le Gros, dont certains de ses collègues, avec une perversité confraternelle, lui adressaient leurs « cas assommants » – en médecine, le « cas assommant » est celui qui n'entre pas dans le champ du savoir du praticien.

Mme B. débita une fois de plus la litanie de ses malheurs. Un matin, elle ramène un rêve.

– Idiot, docteur, idiot... Tous les dimanches, je fais mon tiercé. Or, j'ai rêvé que dans ma combinaison de trois chiffres, je pariais deux fois sur le même numéro, le 4. Je jouais le 4, le 4 et le 9 : quatre-quatre-neuf.

Sans entrer dans les détails de l'élucidation du rêve, datés et vérifiés avec rigueur en cours d'analyse, voici la scène vécue dans le réel à quoi il renvoyait.

Une scène très ancienne... Mme B. devait avoir entre quinze et dix-huit mois. Ce jour-là, sa mère est en train de la cajoler. Arrive son amant. Il apporte un cadeau. La mère remet l'enfant dans son berceau, ouvre le paquet et s'extasie devant un superbe manteau blanc. Elle l'étale sur le lit. Elle l'admire.

Éperdue de reconnaissance, elle étreint son amant. Malgré les cris de protestation de l'enfant délaissée, il veut lui faire l'amour. Elle lui demande de revenir plus tard. Les hurlements de la petite fille redoublent. Pour la calmer, sa mère la prend dans ses bras et la dépose au milieu de son propre lit, sur le manteau. Elle raccompagne l'amant sur le palier. Ils s'embrassent longuement. L'amant s'en va. La mère revient dans sa chambre, pousse un cri de fureur et administre une dure correction à l'enfant : pour se venger d'avoir été préférée et abandonnée, la future Mme B. a souillé le manteau de ses excréments. Elle a fait caca sur le manteau neuf.

Caca neuf. 4-4-9.

Quand on me prescrit un antibiotique, j'ignore totalement le nom et le dosage des ingrédients qui entrent dans sa composition. Je constate simplement que ma fièvre tombe.

Même rapport de cause à effet dans l'analyse : ça « opère ».

A l'instant où il est capable de les verbaliser, les symptômes névrotiques qui avaient amené le patient sur le divan s'évanouissent. Au-delà du mythe, la symbolique de Sisyphe n'est rien d'autre que le bégaiement d'un corps qui parle, condamné à répéter jusqu'à la fin des temps le discours somatique de l'hystérie, avec sa peau, ses tics, ses gestes inachevés, ses crampes et ses douleurs, faute d'avoir pu faire passer dans le langage la mémoire de ce qui l'avait inscrit au fer rouge dans la psyché.

Bien souvent, un excès de culture sert de bouclier au refoulé. Avec Mme B., qui n'en avait aucune, la cure fut brève. Trois mois après son début, elle ne devait plus jamais retomber en syncope.

Il y eut aussi le cas de l'étudiante.
Quoique très brillante, elle échouait régulièrement à ses examens. Le jour de l'épreuve, placée devant la feuille blanche, une soudaine paralysie du bras l'empêchait *physiquement* d'écrire ce qu'elle savait, la contraignant à rendre copie blanche.

L'anonymat de sa cliente étant préservé, le Gros consentit à me communiquer les repères structuraux du symptôme hystérique redoublés d'une seconde conversion somatique.

Il arrivait à la jeune fille d'aller skier dans la poudreuse en haute montagne. Elle lui confia qu'arrivée au sommet après des heures d'efforts, elle rebroussait chemin par où elle était venue, paniquée à l'idée de tracer son sillage sur l'étendue neigeuse immaculée. Espace intact de la feuille de papier, espace lisse de la neige, le Gros ne fut pas long à relever l'analogie. Dans les deux cas, renvoyant à l'une des significations du symptôme, la situation d'angoisse était liée à une surface *vierge* qui ne devait être maculée d'aucune souillure, caractères de l'alphabet ou empreinte des skis : *vierge* comme la jeune fille qui ne ratait ses examens que pour mieux refouler l'idée de ne plus l'être.

Surtout, comme devait le montrer ultérieurement l'analyse, si elle reportait sur tout prétendant, avec l'habituel poinçon de l'interdit qui fait cortège au fantasme, le désir inconscient de son propre père.

Mes classes débutaient à peine. Je découvrais avec stupéfaction une culture marginale qui était à la mienne, ce que l'inconscient est au conscient. De grands pans de mystère s'effondraient soudain. Ainsi, sans que je l'eusse jamais pressenti, certains ne possé-

daient-ils pas la réponse aux questions que je me posais en art, en littérature, en politique et en comportements humains ou amoureux ? J'avais tourné en rond dans l'éthique culturelle de mon code social. Le Gros m'ouvrait un monde. Je découvrais simultanément des disciplines inconnues de moi, linguistique, anthropologie structurale, sémantique, étymologie, et le rapport avec l'analyse de ses autres épigones, ethnologie, histoire des civilisations, des religions, des mythes, des folklores. « Je découvrais » est à prendre dans le sens de « Je découvrais l'existence ».
Comprendre était une autre affaire.
Le jour où je me butais aux textes, l'illusion de mon intelligence s'évanouit. J'avais arpenté jusque-là les terrains familiers où un mot masquait à lui seul la faille d'une ignorance. Ainsi baptisait-on jadis toute maladie inconnue du nom de « fièvre ». Aujourd'hui, on parle d' « allergie », de « stress », de « virus ». Phénomène éternel de désignation perverse consistant soit à jouer avec les signes qui révèlent le manque, soit à se débarrasser de ce qu'on refoule en rebaptisant ce qui pourrait le désigner. Ainsi d'un penseur niant la pensée, Alain.
A ses yeux, tout ce qui a trait à l'inconscient devient « les pensées folles ». « Folles » au point de transformer un radical intransigeant en renfort involontaire des théologiens dont il flétrissait la fermeture d'esprit. Quand il cherche à découvrir « l'homme le plus heureux du monde », tout ce qu'il trouve à proposer est un préfet de police, précisément parce que les urgences de sa charge « ne lui laissent pas le temps de penser ».

Apologie de la cécité qui s'agrémente d'un savoureux syllogisme : étant donné que les crétins n'ont pas accès à la pensée et que les préfets de police, d'après Alain, ne pensent pas, on pourrait en déduire que tous les préfets de police sont des crétins. De même, et inversement, pourquoi ne pas affirmer que, s'il suffisait d'être intelligent pour faire fortune, moins de cons seraient riches ?

Le Gros était profond et n'avait pas d'argent.

A propos des sources de son savoir, il me dit qu'il était « lacanien », qu'il suivait les « séminaires de Lacan » et participait aux « travaux de l'École freudienne ». Je me ruai dans une librairie pour acheter les *Écrits*. J'eus beau les parcourir toute la nuit, je n'y compris absolument rien. En apparence, Lacan utilisait pourtant les mots de tout le monde, mais la façon dont il en truffait le contexte à des places énigmatiques leur conférait une connotation ambiguë qui rendait évanescent le sens de la phrase, privée soudain de ses automatismes ordinaires.

L'alternative était simple : ou j'étais stupide, ou ces textes relevaient du pur délire.

Le lendemain, je déclarais au Gros que les *Écrits* n'étaient que du charabia. J'ignorais encore le mot de leur auteur : « Je ne parle pas pour les idiots. » Toute maîtrise suppose l'apprentissage d'une technique que nul ne conteste aux spécialistes, plombier y compris. En revanche, dès qu'il s'agit de langage, unique bien commun reçu en partage de naissance, chacun s'imagine que la faculté de s'exprimer donne le droit de comprendre et que l'accès au son débouche obligatoirement sur celui du sens.

Les jours et les saisons passaient, j'étais mal dans

ma peau, je craquais de tous côtés comme un bateau pourri, la reddition était proche. Un soir, dans un restaurant chinois, je demandai au Gros d'un air faussement désinvolte s'il pouvait me prendre en analyse. Il me répondit que c'était impossible parce que « nous nous connaissions trop ». J'insistai. « Tant qu'à y *passer*, je préfère que ce soit avec toi qu'avec un autre. »

Il développa des arguments qui me laissèrent perplexe.

En rentrant dans mon appartement, j'allai m'asseoir par terre à ma place favorite, face à mes caisses. Elles s'empilaient jusqu'au plafond et contenaient ce qui, jadis, avait eu à mes yeux valeur de trésor, livres, manuscrits, objets, vêtements.

Je ne les avais pas ouvertes depuis trois ans mais aimais les contempler quand je me heurtais à un problème. Il y en avait à peu près cinquante. A chacun de mes déménagements, il fallait deux camions pour les emporter.

Aujourd'hui, tant d'années plus tard, elles moisissent toujours dans un garde-meuble, scellées avec des clous.

J'avais pourtant appris que je ne tenais pas à grand-chose.

Un jour, du temps que je jouais, on m'avait prévenu que « des huissiers viendraient me saisir le lendemain ». On m'avait conseillé de mettre hors de leur portée les « objets précieux ». A deux heures du matin, j'avais fait une espèce d'inventaire.

Un « objet précieux », c'était quoi ?

J'éliminai instantanément le mobilier et autres accessoires mécaniques ou ménagers. On les trouvait à chaque coin de rue, remplaçables. Vêtements, idem, aucune valeur. On ne pouvait pas « saisir » mes enfants, restait ma bibliothèque. J'avais digéré son contenu : pourquoi m'accrocher au contenant ?

J'avais presque tout éliminé, sauf une vingtaine d'ouvrages dédicacés par des amis. Après avoir réfléchi à l'éventualité de les perdre, je compris qu'en dehors de tout fétichisme, les amis, comme les textes, je les avais dans mon cœur, morts ou vivants, et à jamais.

J'entrai dans mon lit pour une nuit sereine.

Je savais désormais que, ne tenant à rien, je serais toujours riche. Je n'aimais que la vie et la liberté. En dehors de ces biens, on ne pouvait rien me prendre. Au matin, les huissiers ne se présentèrent pas. Ayant mentalement renoncé à ce qu'on devait m'arracher, j'étais presque déçu qu'on ne m'en débarrassât pas.

Par la suite, de même qu'on ne jette pas un livre déjà lu, peut-être parce qu'elles renfermaient des fragments de mon moi passé mis entre parenthèses et auquel, obscurément, je m'accrochais, je continuai à trimbaler mes caisses dont j'avais oublié depuis longtemps le détail de leur contenu – je l'ignore toujours.

Je méditai devant elles jusqu'à l'aube, conscient qu'elles étaient une parfaite allégorie de ma situation. J'étais bloqué, cloué, ignorant ce qui se cachait à l'intérieur. Au moment d'aller me coucher, j'appelai le Gros, qui travaillait déjà depuis deux heures. « Puisque tu ne peux pas me prendre, indique-moi quelqu'un d'autre. » Il me donna trois noms. Pourquoi ne pas citer les deux premiers puisqu'ils n'ont rien à voir à l'affaire ? Clavreul et Perier. En m'éveillant, au début de l'après-midi, je composai

leur numéro dans l'ordre. Le premier était occupé, le second absent de Paris. J'essayai le troisième.
— Je voudrais un rendez-vous avec le docteur Lacan.
— Je ne peux pas le déranger en ce moment, me dit la femme — c'était Gloria. Pouvez-vous téléphoner à six heures ?
Je m'accagnardai devant la montagne de caisses et attendis.
Six heures. Gloria encore.
— Restez en ligne une minute.
— Écoutez, il peut me prendre ou pas ?
— Ne quittez pas, le docteur Lacan veut vous parler...
Me parler ? Tout ce que je voulais, c'était qu'il me reçoive.
Est-ce que les masseurs, les dentistes ou les tailleurs exigeaient un entretien préalable avant de m'accorder rendez-vous ?
Puis soudain, la voix monocorde, traînante, dédoublant la voyelle de chaque phonème...
— Oui ?
— Je voudrais vous voir.
J'affrontai un long silence.
— Pourquoi ? dit Lacan.
La seule idée qui me vint à l'esprit fut que j'avais les mains moites. Pendant une minute au moins, aucun son ne sortit de ma gorge.
Finalement, je m'entendis dire :
— Ça ne tourne pas rond.

III

Alphabétique

3

Je m'étais vêtu pour le séduire. Tweed, velours, cachemire. Je souffrais même, pour ajouter à mon charme, d'une légère claudication due à un coup de pied reçu au cours d'un assaut de savate. Je mis un point d'honneur à arriver à l'heure précise où il m'avait convoqué. Il poussa le jeu à ne pas me faire attendre une seconde. Synchronisme parfait. A peine Gloria m'avait-elle ouvert la porte du vestibule que s'écartait le vantail de la porte de son bureau. Nous nous adressâmes un grand sourire. De toute évidence, malgré les patients que j'avais aperçus dans la salle d'attente, il n'attendait que moi. La porte de son cabinet se referma sur nous. Il plaça sa chaise parallèlement à son bureau. Je me posai sur la mienne.
Face à face.
Depuis la veille, j'avais eu le temps d'organiser mes défenses. Je le considérai avec une curiosité *amusée*, croisai les jambes et allumai une cigarette – non, ça ne le dérangeait pas du tout, il me tendit un cendrier – et en quelques phrases pudiques, parsemées comme pour la nécessité de mon récit des noms chargés d'importance dont je faisais mon ordinaire, lui traçai le portrait brillant d'un dilettante doué

venu à lui – ce n'était pas formulé mais implicite – pratiquement par la rencontre conjuguée du hasard et de la curiosité intellectuelle.

Il eut l'air de très bien comprendre. Il était charmé. Moi aussi. Quand je lui parlais de mes occupations professionnelles dans le journal qui m'employait, il me demanda si je connaissais Mme Z., qui y travaillait aussi. Je n'avais jamais entendu ce nom auparavant et le lui dis. Il me demanda tout à trac si je buvais. Je restai interloqué. Non, je ne buvais pas. Du vin, comme tout le monde, mais boire pour boire, non. J'étais un sportif, comment aurais-je pu ? Il en convint volontiers.

J'allumai cigarette sur cigarette. Il me tendait toujours le cendrier. Puis, sur un dernier sourire, il se leva. L'entretien était terminé. Combien de temps s'était-il écoulé ? Une heure ? Plus, peut-être. Je lui demandai combien je lui devais. Bien que personne ne m'en eût informé, je connaissais déjà le chiffre qu'il me lança. J'avais décidé qu'il serait exorbitant. Il le fut. Il correspondait exactement à ce que j'avais réussi à emprunter la veille à deux de mes amis aussi démunis que moi. Je lui tendis donc mes trois billets, sans surprise. Ils disparurent instantanément dans la poche de son pantalon. Il me serra la main avec un grand sourire et me dit : « A demain. » Je lui répondis que, malheureusement, c'était impossible parce que je n'avais pas de quoi le payer. Il gardait toujours ma main dans la sienne et je cherchai le moyen de la lui retirer sans qu'il prît mon geste pour une offense. Il ouvrit la porte comme s'il n'avait pas entendu et répéta « A demain ».

Je me retrouvai dans la rue, gorge serrée, me

demandant si le manque de ressources n'allait pas briser dans ses prémices une relation aussi ineffable.
Où allais-je me procurer l'argent ?
Je fis mentalement le tour de toutes les relations susceptibles de me le prêter. J'avais déjà appris, lors d'expériences précédentes, que les grandes tapes dans le dos, autant que le plaisir donné ou reçu, en amour, marquaient un temps d'arrêt dès que l'on s'aventurait sur le terrain délicat du numéraire. Quelque temps auparavant, j'avais eu besoin d'un relais financier pour une dette urgente. L'emprunt que je sollicitais ne devait pas durer plus de quarante-huit heures ainsi que je l'avais précisé en remettant, pour preuve de ma bonne foi, un chèque signé de mon nom qu'on pourrait présenter à l'encaissement sitôt passé ce délai. Je m'étais adressé dans la même journée à trois personnes, une femme, deux hommes.
La femme était célèbre. Elle chantait et menait une revue. Le dimanche après-midi, je la rejoignais dans sa loge. Il y avait toujours du caviar dans une vasque de cristal, du champagne et de la vodka frappés. D'où j'étais, j'entendais les rumeurs de la salle qui l'applaudissait. Elle entrait comme une bombe, couverte de paillettes étincelantes dans la loge-boudoir, m'embrassait passionnément, dégrafait ma chemise. Pour que nous ne fussions pas dérangés, son coiffeur homosexuel jouait les cerbères derrière un rideau de velours. A l'instant où ses yeux chaviraient, de furieux coups frappés à la porte l'arrachaient à mes bras pour la jeter dans ceux de son public.
Au cours de la représentation, le manège se reproduisait à plusieurs reprises. Elle se jetait du sofa sur la scène, de la scène sur le sofa. Dans les intervalles, je me réconfortais au caviar.

J'estimai que cette intimité partagée créait un abandon suffisant pour que je lui parle d'argent avec aussi peu de pudeur qu'elle me parlait d'amour. Malgré sa fortune, j'eus la surprise de l'entendre répondre que nous jouions tous deux de malchance. Le matin même, elle avait dû payer un énorme rappel d'impôts qui l'avait laissée exsangue. Je devais toucher mon propre argent deux jours plus tard. Je lui demandai si je pouvais lui venir en aide. Elle me remercia avec effusion mais refusa, arguant qu'elle s'en sortirait toute seule.

Le premier de mes deux amis était chanteur. Toujours aussi connu. Ses refrains sont sur toutes les lèvres. Ses airs d'enfant perdu m'avaient incité à le prendre en charge dans ses moments de dépression – il en avait beaucoup. De temps en temps, je l'emmenais à Deauville et poussai même l'attention jusqu'à lui mettre une fille dans les bras. Il me téléphonait parfois à trois heures du matin. Nous refaisions le monde. Je l'aimais assez pour lui demander ce service.

Par extraordinaire, les *impôts* étaient passés le matin même. Je raccrochai, navré pour lui. Il me rappela une demi-heure plus tard. Il venait d'avoir une idée. En précisant que c'était pour moi, il lui suffirait de demander à dix de nos amis communs le dixième de la somme dont j'avais besoin, ainsi pourrait-il me tirer d'affaire.

Avec mille remerciements, je déclinai son offre généreuse.

Mon deuxième ami ne chantait pas. Beaucoup plus âgé que moi, il faisait chanter les autres, régnait sur un empire de boîtes de nuit et passait pour être ce qu'on appelle dans le milieu un « juge de paix », c'est-à-dire un sage, un homme d'honneur coopté par ses pairs pour trancher en dernier recours les litiges des marginaux.

Pas de chance là non plus : les *impôts*.

Ce fut le seul qui me dit la vérité. Quelques jours plus tôt, il avait prêté une somme importante à l'un de mes amis, qui n'était même pas de ses intimes.

Quelles qu'en fussent les raisons avouées ou réelles, j'avais ressenti ces refus comme une trahison et m'étais juré, dussé-je en mourir, de ne plus jamais laisser à quiconque le pouvoir de me blesser d'une dérobade.

Comment fis-je ce soir-là et les jours suivants pour tenir parole ? L'ai-je seulement tenue ? J'ai oublié.

Sans me demander mon avis, Lacan concluait imperturbablement chaque séance par un « A demain » qui me rejetait les mains moites d'angoisse dans les gris de la rue de Lille. Le jour suivant, triturant dans ma poche l'argent que j'avais trouvé la veille au prix d'effroyables recherches – pendant combien de temps allais-je pouvoir accomplir ce quotidien miracle ? – je me retrouvais dans son cabinet.

Même exquise urbanité de sa part. Cigarettes. Vers les cinq heures, Gloria lui apportait sur une soucoupe de porcelaine une tasse de thé et deux dattes. Son ton était si amical que je n'eusse pas été étonné qu'il me priât de les partager avec lui.

Outre son thé, il semblait déguster mes paroles.

Il était capital qu'il n'y eût pas d'erreur sur la personne. Sans avoir l'air de les monter en épingle, je faisais adroitement un discret étalage de mes mérites, m'aventurant toujours plus loin sur les dérisoires rivages où les ânes, pour avoir du son – en l'occurrence celui de sa voix – se font plus paons que nature.

Le troisième jour, au lieu de me faire passer directement dans son bureau, Gloria me conduisit dans la petite bibliothèque du fond où elle m'abandonna pendant cinq minutes parmi d'autres patients. Je les lorgnai à la dérobée : Qui étaient-ils ? Pourquoi étaient-ils là ? Ignoraient-ils que Lacan m'attendait ?

Sitôt en sa présence, je lui fis remarquer son « retard ».

Il s'en excusa vivement, poussa la courtoisie jusqu'à m'en justifier les raisons et acheva sa phrase par un « Je ne suis pas *responsif* » qui me laissa en plein désarroi.

Au soir de notre cinquième rencontre, alors que, selon son habitude, il m'étreignait la main après s'être emparé de mes billets, il me déclara tout à trac :

– J'ai décidé de vous faire une place en analyse.

Je le regardai sans comprendre.

– Mais je croyais que nous avions déjà commencé ?

Il se leva. « A lundi », dit-il.

Le dimanche, je m'aperçus que tout m'agaçait qui ne se rapportait pas à cette prochaine rencontre.

Curieusement, je n'avais soufflé mot des précédentes à quiconque. En dehors de la femme que j'aimais – dont je n'éprouvai l'envie de l'en informer que cinq ou six ans plus tard – il faut dire que j'avais réduit mon entourage au minimum. Je fuyais depuis longtemps les contacts rapides, multiples, superficiels et sans lendemain que semble faire naître une certaine forme de journalisme. Ils avaient engendré en moi une telle nausée que, eussé-je imaginé l'enfer, je l'aurais conçu comme une scène de parade sociale : un salon de gala brillamment illuminé. Les invités s'y pressent. Bloqué en leur centre, une cigarette dans une main, un verre plein dans l'autre, je suis agressé par la maîtresse de maison qui fait défiler devant moi pour me les présenter des gens que je ne reverrai jamais.

Ne supportant pas davantage le danger des rencontres et leur corollaire, les questions faussement inquiètes d'anciennes relations, j'avais décidé de changer de quartier pour me dissoudre dans la ville. Je n'aurais pas imaginé que ce fût si facile. Les capitales du monde, que nous croyons nôtres parce qu'on nous y salue en certains lieux de notre nom, se prêtent à toutes les évanescences. En fait, dans le temps et dans l'espace, avant de nous réduire à l'invisible, elles se limitent à ce presque rien qu'est la trajectoire répétitive d'un circuit, quelques amis, trois restaurants, les utilitaires à factures, le lieu de travail, les lieux de la nuit. Tel qui fut roi d'un microcosme, dès qu'il oublie ses quelques points de chute, se retrouve anonyme parmi des inconnus.

Tous liens rompus, c'est-à-dire *a-liéné*, je n'obéissais qu'à l'urgence de me mettre entre parenthèses, dérivant sur une orbite neutre où je ne pouvais plus *nommer*, car j'ignorais le mot qui renvoyait aux choses, le nom qui renvoyait aux visages, les visages qui me renvoyaient à moi – c'est-à-dire à presque rien – indifférent soudain à la rumeur, sourd aux parfums, réfractaire à la course. Mon seul projet était l'instant présent. En dehors du travail que j'avais entrepris, je ne me souciais pas plus du lendemain que de mes poches vides, pressentant peut-être que brouter de nouveau l'herbe grasse du bercail me priverait de ma dernière chance de devenir ce que j'étais.

On est ce qu'on désire.

Mais ce qu'on désire, on l'ignore. Et ce désir, dont nous ignorons en quoi il consiste, mais que nous subissons comme la frappe la plus singulière de notre « moi », nul d'entre nous n'a choisi qu'il nous habite. Il est « écrit ». Il nous précède. Nous entrons dans son champ par le biais du langage.

Avant même de naître, nous sommes voués, heur ou malheur, à en devenir un jour le gestionnaire.

D'où la faille.

Car ce désir qui nous structure n'est pas nôtre. Il est, par le biais du discours, désir de l'Autre, désir d'un Autre désirant.

C'est pourquoi, êtres de désir, notre destin est de ne pouvoir accéder qu'au *manque-à-être*.

A cinq ans, je peignais. A quatorze, je rêvais de vieillir. La vieillesse me serait douce. Chaque jour écoulé me rapprocherait de la maîtrise totale, cet instant énigmatique où les créateurs de génie accèdent enfin à l'intensité de la couleur pure pour pénétrer, à l'orée de la mort, au cœur absolu de leur vibration.

A vingt-huit, un soir de novembre, dans le tumulte des appels, le staccato des Remington et le brouillard des cigarettes, par une espèce de dédoublement foudroyant, je devins soudain spectateur de moi-même et me « *vis* », mégot aux lèvres, une effroyable pile de papiers sur mon bureau, un téléphone à chaque oreille pour écouter sans les entendre des gens dont j'ignorais l'identité. La question me transperça : Où étais-je ?

Dans les bureaux d'un quotidien. Pour y faire quoi ? Des chroniques dites « parisiennes ».
C'était absurde, j'étais peintre. Alors ?
L'inconscient ne s'inscrit pas sur une droite.
Mon père, pour enrichir ce qu'il appelait mon « bagage » (ce qui empêche d'avancer sitôt qu'on se déplace) rêvait pour moi d'un savoir universel.
Un matin, il eut cette phrase étrange :
— Tu devrais peut-être apprendre la sténo.
— Pourquoi ? Je suis peintre.
— On ne sait jamais. Si un jour tu voulais faire du journalisme...
Cet échange n'avait duré que dix secondes. Je l'avais complètement oublié. Quinze ans plus tard, il me revenait en mémoire alors que le vœu secret de mon père, à travers moi, lui aussi devenir *autre*, était déjà réalisé.
Tel était le *fatum* des Grecs, vivre dans le réel l'inconscient de l'Autre. Leur *discours*. A Delphes, entre les hommes et les dieux, au nom d'Apollon, la Pythie formait relais. Mais les oracles qu'elle transmettait, après leur supposé séjour dans l'Olympe, n'étaient qu'une parole faisant retour à l'envoyeur. Dès lors, ma trajectoire devint si prévisible qu'à dix-sept ans j'obtenais ma première rétribution en publiant des *dessins* dans un *journal*. Ainsi s'élaborait la synthèse provisoire de deux désirs antinomiques, peinture et journalisme : par le biais d'un *compromis*, dessin + journaux.
Mais les ruptures sont plus exigeantes.
Pour accéder à mes fins inconscientes, j'en arrivai bientôt à faire dire aux *Lettres à un jeune poète* de Rilke le contraire de ce qu'elles disaient. Le jeune

poète demande : « Comment être certain que je suis poète ? » Réponse : « Si on te privait de poésie, est-ce que tu mourrais ? » « Non. » « Alors, conclut Rilke, c'est que tu ne mérites pas d'être poète. »

Exactement ce que je croyais avoir lu. La tête sur le billot, je l'aurais juré au moment où je transférais le dialogue à une interrogation vitale : « Si on te privait de peinture, est-ce que tu mourrais ? »

A ma grande honte, je fis la même réponse : non.

J'en décrétai sur-le-champ que je n'étais pas digne d'être peintre : mes couleurs devinrent donc des vocables.

Mes pinceaux, une Smith Corona.

Vingt ans plus tard, je relus les *Lettres* : nulle trace de ce que je croyais y avoir trouvé. Dans la fiction épistolaire de Rilke – des réponses à de supposées questions –, j'avais *imaginé,* à mon propre usage, un dialogue *qui n'existe pas.* Fonction de l'erreur dans le champ de l'inconscient : pour vivre le discours de l'Autre, j'étais allé jusqu'à m'inventer une fausse raison d'occulter mes propres aspirations.

Trois semaines après ma première visite rue de Lille, je revis le Gros à la piscine. J'étais si absorbé que j'en avais presque oublié son existence. Depuis le jour où il m'avait indiqué le trio Clavreul-Perier-Lacan, il était resté sans nouvelles.

– Où tu étais passé ?
– J'ai commencé une analyse.
– Avec qui ?
– Lacan.

Il me dévisagea avec incrédulité.

– Il t'a pris ?
– Qu'est-ce que ça a d'extraordinaire ?

Il secoua la tête avec perplexité.
- Je croyais qu'il ne prenait plus personne.
- Tu es gonflé! Qui m'a donné son téléphone?
Son étonnement m'étonnait. Non que j'éprouvasse le moins du monde la sensation d'avoir bénéficié d'une faveur – le prix de nos rencontres y entrait sans doute pour quelque chose –, mais parce qu'il me paraissait normal qu'un praticien accédât à toute demande. Le renom de Lacan ne m'avait toujours pas effleuré, pas davantage que son temps n'était pas extensible. Je brûlais de raconter au Gros nos premiers tête-à-tête.

Instantanément, je sentis sa réticence. Pourquoi essayait-il de détourner la conversation? Nous avions cent fois évoqué le sujet. Soudain, alors que par ses soins je m'y retrouvais en plein cœur, il feignait de s'en désintéresser. Sans même me laisser le temps de lui en demander la raison, prétextant un rendez-vous urgent, il grommela quelques excuses et tourna les talons.

Auparavant, ce lundi, j'avais retrouvé Lacan et perçu à mon égard un indéfinissable changement d'attitude. Sur l'instant, je n'aurais su préciser en quoi il consistait. Et à vrai dire, il m'était indifférent de l'approfondir. Lacan était toujours affable, attentif, chaleureux. Peut-être ses silences plus prolongés? Insensiblement, ils transformaient notre dialogue en monologue : je parlais. Grisé par mon propre débit, j'en redoublais le flot pour l'empêcher de m'interrompre.

En ce temps-là, je n'avais pas encore appris à écouter.

Plus tard, j'allais devoir mendier l'acquiescement

d'un battement de cils, la désapprobation d'une moue.

Il est toutefois remarquable, alors que trop occupé à m'écouter je n'avais aucune chance de m'entendre, que certaines de ses interventions se soient gravées dans ma mémoire. On a fait très peu d'études sur le cerveau des perroquets. On sait seulement qu'ils ont accès à la reproduction des signifiants, en d'autres termes, qu'ils peuvent « répéter » les sons. Je partageais avec eux ce don acoustique. Mais, pas plus qu'eux, je n'avais le privilège, à partir des sons, d'avoir accès à leur signifié, c'est-à-dire à leur sens.

J'en étais à peine à ma dixième séance que Lacan se paya le luxe d'une phrase hors de ma portée, précisément parce qu'il savait que je ne pouvais pas la comprendre. Comme à l'ordinaire, j'avais dû m'envoler dans une ample tirade métaphysique lorsque je débouchai brusquement sur une question dont l'énoncé, comme elle s'adressait plus à moi qu'à lui-même, me laissa silencieux sitôt que je l'eus posée :

– Ça existe, l'âme ?

Au mieux, j'attendais un sourire.

J'eus droit à une réponse :

– La psyché, c'est la fracture, et cette fracture, le tribut que nous payons parce que nous sommes des êtres parlants.

Je n'en étais ni aux algorithmes, ni à la métonymie, ni aux mathèmes – Algorithmes ? Mathèmes ? Métonymie ? – mais je percevais confusément que derrière cette formulation se cachait une énigme.

Malheureusement, les clés m'y faisaient défaut.

ALPHABÉTIQUE

A quelle fracture faisait-il allusion ? Quel rapport entre un tribut et le langage ? Et comment le fait d'avoir qualité d'« être parlant » impliquait-il en corollaire la notion de « tribut » ?

Un tribut pour payer quoi ? Quelle dette ? Quelle faute ?

Je soupesais la phrase avec méfiance sans faire d'effort spécial pour la retenir.

Si je peux la citer si longtemps après, c'est que j'en pressentais peut-être la densité du sens dont je ne doutais pas qu'il me serait révélé quand je serais capable de le déchiffrer – ainsi vous rive la foi, à celui qui est « *supposé savoir* ».

En fait, elle contenait plusieurs grandes lignes de force de l'élaboration lacanienne, barre qui sépare à jamais signifiant et signifié, rapport de ce clivage à l'inconscient « structuré comme un langage », *refente* du sujet déjà divisé par sa recherche d'une transcendance qui lui fait ériger, contre le vide de la mort, la statue de ses dieux et s'inventer une âme.

On s'abstiendrait volontiers d'évoquer ses failles.

Mais comment passer sous silence l'« innocence » de mes débuts à l'égard de l'analyse ?

L'alphabet comporte vingt-six lettres. Pour le savoir, encore faut-il ne pas ignorer l'existence de l'alphabet lui-même.

Sans la connaître, j'en percevais pourtant les premiers effets sous forme d'une ombre immense, inconnue, l'ombre de la lettre « A ».

C'est ainsi. Pourquoi ne pas le dire ?

J'ai appris depuis que tout déplacement dans le champ d'un savoir implique en préambule le difficile aveu de ses manques.

– A demain, dit Lacan.
– Je ne peux pas.
Il leva un sourcil.
– Je n'ai pas d'argent, ajoutai-je.
– A demain, répéta-t-il en m'ouvrant la porte.

4

J'ai rencontré toutes sortes de gens chez Lacan. Parfois, ils encombraient son escalier, assis sur les marches, perdus en un rêve intérieur dont mon passage ne les tirait pas.
 Je vous chie dessus, je vous emmerde, je vous couvre d'excréments.
 Mieux : je vous encule.
 Il ne s'agit pas d'insultes, mais du signal d'un éveil.
 L'éveil, c'est une rupture de discours.
 Pour la provoquer, il a suffi que j'introduise quelques notes hors tessiture dans la gamme du *texte*.
 Leur violence même, leur *hors-texte*, a produit le choc.
 Ainsi procédaient les maîtres zen, à coups de pied. Et le peintre, voué à tant de gris pour le seul cri d'un rouge.
 La littéralité peut se parer de toutes les couleurs.
 Mais, pour garder sa cohérence, elle ne peut en choisir qu'*une*. Un mot *à côté*, l'ensemble du discours bascule dans le *hors sens* où la folie nous interpelle.
 Inversement, un substantif au-dessous du ton, dans un texte qui se revendique de la perversion,

nous livre le lieu de l'énonciation où le refoulement fait borne. Dans *Le Bleu du ciel*, à propos d'une femme qui se dénude et qui l'excite, Bataille écrit : « Je regardais son derrière nu avec le ravissement d'un petit garçon : je n'avais rien vu d'aussi pur, rien d'aussi peu réel, tant il était joli. » Étant donné la liberté de sens qui précède et qui suit cet extrait, on peut imaginer en quel embarras ce *derrière*, à la transcription, dut plonger celui qui l'admirait, faute d'avoir osé l'appeler *cul* : là où la ponctuation du *vulgaire* eût été nécessaire, il y a eu dérobade.

A l'intérieur d'un *genre*, roman, essai, poésie, discours politique ou universitaire, la littéralité se doit d'être monochrome autant que le code linguistique soudant l'identité du groupe qu'il désigne.

Nous habitons le langage, le langage nous habite.

Mais nous y cohabitons dans des quartiers réservés où tout changement de tonalité implique le rejet – c'est-à-dire un scandale – et ce qui le sanctionne, l'intolérable retour à une réalité éludée. Dans le début de ma relation avec Lacan, ce lien renoué – à la fois rejet, scandale et retour –, c'était l'argent que je lui donnais.

Jusqu'alors, comme l'épingle si bien l'expression populaire, à mes yeux, « l'argent, c'était de la merde ».

Ni fin en soi, ni moyen de circulation de la richesse, pas davantage symbole d'un acquis, encore moins métaphore phallique. Un simple droit d'entrée pour le jouir du jeu.

Je me souviens des petits matins dans une suite de palace, les billets froissés, qui ne signifiaient rien, vidés à poignées dans le tiroir d'une commode pour un sursis fragile – dans l'argot des casinos, on dit que c'est de l'argent qui couche dehors – et les jours de déveine, l'idiotie des palmiers, la déception de l'aube, la note signée à un employé morose pour fuir plus vite et prolonger la nuit. De l'argent *a-liéné*, en ce que rien ne le rattache à ce qui aurait dû le faire naître, talent, idées, efforts, de l'argent *impayé* – son seul rapport est à la chance, elle ne vient pas de moi, elle m'est *extérieure*.

Lacan debout dans l'embrasure de la porte. Le cérémonial des billets glissés dans sa main à la limite exacte où chaque analysant, ni trop ni pas assez, soupesé par lui, y puisse sentir la contrainte et, par son biais, faire *retour au réel*.

A la boule qui me serrait la gorge quand je lui annonçais en préambule que je n'avais pas de quoi lui régler la séance, c'était mon cas. Je suppose que, dès le début de la cure, il modulait ses tarifs à la tête du client, selon son angoisse ou la probabilité de son statut social. Quelques francs pour la torture des plus démunis, des fortunes pour la certitude affichée des autres : il fallait que la somme exigée, quelle que fût l'étendue des ressources de sa pratique, entamât le seuil au-delà duquel, cessant d'être négligeable, elle *dérangeait*, elle *privait*.

A ce prix seulement, elle dégageait le terrain et libérait du joug de la reconnaissance. On repartait de zéro : personne ne devait rien à quiconque.

Contraintes. Il savait que je me levais tard.
– A demain, six heures.
– D'accord.
– Six heures du matin.
– Écoutez...

Il me serrait la main. Le lendemain, je sortais de chez moi sans avoir fermé l'œil. Il répétait l'expérimentation jusqu'à ce qu'il fût sûr que j'aie pris le pli de son exigence. Il en aurait fallu davantage pour me faire renoncer : j'étais ferré.

M'eût-il demandé de le rejoindre aux antipodes pour une entrevue de vingt secondes à dix millions, j'aurais trouvé l'argent et j'y serais allé. Quand ils ont cette force, les liens du transfert sont insécables. Je ne me posais pas le problème en ces termes, je n'avais pas le choix : question de vie ou de mort.

Théoriquement, il est pourtant si facile d'interrompre...

Quand elle a lieu, la rupture se produit sitôt que le danger se manifeste. Les certitudes se lézardent. L'analysant aussi.

Cette vérité qu'il était venu affronter, il n'est plus question de la regarder en face sitôt qu'il en flaire les prémices du dévoilement. A peine au début de la traversée, déjà, ses jambes fléchissent. Regard anxieux par-dessus son épaule. Il suffirait de quelques pas en arrière pour retrouver intactes les illusions sécurisantes qui forgeaient son moi à béquilles, victoires de jadis, bouclier culturel, paravent social. A l'avant, le noir absolu. Aucune assurance de voir un jour la fin du tunnel – qui lui a jamais garanti qu'il y en avait une ?

Le doute souffle la réponse : pourquoi ne pas rebrousser chemin ?

Ce doute, ce ne sont pas les inconnues qui l'engendrent, mais le poids étouffant de la peur. Pour mieux la refouler, on l'ensevelit sous une batterie de prétextes dont l'accumulation finit par justifier l'éventualité de la fuite. Y cède-t-on, elle se paie d'une blessure ouverte d'où gouttera l'amertume, à l'infini.

Un lapin me préserva du désastre de ma lâcheté. Il gisait au fond d'un fossé par un froid d'hiver glacial figeant une lugubre plaine de givre. Je m'approchai. Il était minable dans la mort, gelé, rigide, sa fourrure grise bouffée aux mites se détachant par plaques. Je tendis la main : le cadavre eut alors une espèce de spasme qui empêcha mes doigts de le frôler. Abasourdi qu'il pût renfermer une ultime étincelle de vie, je voulus, partagé entre l'horreur et la compassion, le prendre dans mes bras pour le réchauffer. Nouveau soubresaut.

Avec lourdeur, il se redressa sur ses pattes et claudiqua d'une façon pitoyable sur la terre brûlée par le gel.

Plus j'avançais vers lui, plus il s'éloignait par petites saccades maladroites. Je ne lui voulais pourtant pas de mal, mais simplement l'aider, l'abriter, le soigner.

Le sauver.

Rien à faire. Quels que fussent mes efforts pour le rattraper, il m'échappait toujours, créant en moi un indicible sentiment d'angoisse. Lorsque je m'éveillai, le lapin était aussi loin que tout rêve qui se dérobe. Celui-ci, l'un des premiers que suscita l'analyse, était à la portée du premier venu, moi y compris. Il ne demandait aucun décryptage et ne présentait pas plus de mystère que la page de bâtons proposée en exercice aux enfants de la maternelle.

Fallait-il que je fusse paumé : même le message qu'il contenait, en quelque sorte un lamentable état des lieux, je ne le reçus pas en clair tout de suite. Mais, sans que je pusse en distinguer la raison, il me semblait que ce lapin ne méritait pas d'être renvoyé dans la fosse commune des songes morts.

Bien plus tard, à travers les mille pièges qu'ils me tendaient, j'arrivai à rattraper l'un après l'autre la plupart de mes rêves. Plus je les pénétrai, plus devenait sophistiquée, pour que leur sens me restât interdit, l'élaboration des métaphores qui composaient la trame manifeste des suivants. Il me fallut longtemps pour m'apercevoir que, malgré l'incroyable variété de leurs canevas, dans leur latence, ils me racontaient toujours la même histoire. Sitôt que je les perçais à jour, ils changeaient le code de leur syllabaire afin de garder un temps d'avance sur l'éventualité d'une nouvelle interprétation, une *distance*.

Elle avait pour double fonction de me tenir en éveil tout en me protégeant, jusqu'à ce qu'il fût temps de les digérer, de révélations trop précoces. Ou bien, pour mieux m'abuser, tout devenait ridiculement simple. S'instaurait alors entre le rêve et moi, sujet rêvé, sujet rêvant, une dialectique où la limpidité des évidences offertes n'était qu'un camouflage supplémentaire du refoulement qui l'avait motivé.

Au cours d'une période particulièrement troublée, pour ne pas oublier leur contenu manifeste, j'avais placé au pied de mon lit un magnétophone. Lorsque la violence d'un songe me projetait dans la brume d'un demi-éveil, j'en bredouillais les éléments narratifs et me rendormais. Course poursuite, affaire de rébus : les images optiques nous renvoient à des images acoustiques dont la découpe des phonèmes et des morphèmes, articulée d'une façon autre, se noue brusquement pour un sens nouveau. Ces jeux du signifiant, une phrase célèbre pourrait en illustrer l'ambiguïté. Phonétiquement, on la perçoit ainsi : « Je pan se don je sui. » Mais, selon les hasards du jeu syntaxique, l'écriture en livre dix signifiés différents – à commencer par le bon – « Je pense, donc je suis », « Je panse, donc j'essuie », « Je pends ceux dont je suis », « Je panse donc jeu suit », « Jeu, pense donc, j'ai suie », « Jeux, panses, dons, Jess, huis », « Jepp, anse, Donge, suie », « Je pense, Donge essuie », « Je panse, danger suit », « Jeux, pense donc, jeux-suie », « Je pense, donc j'essuie », etc.

Au début du siècle, une jonction capitale fut manquée.

On était en 1905. A Vienne, un médecin se battait pour faire reconnaître par les cercles scientifiques une nouvelle thérapeutique baptisée par ses soins « psychanalyse ».

Au même instant, la même année, à Paris, un professeur obscur donnait à la Sorbonne, devant une maigre poignée d'élèves, des cours sur une discipline qu'il venait de créer de toutes pièces, la « linguistique ». L'ironie du sort fit que ces deux hommes ne se rencontrèrent jamais – l'anecdote ne précise même pas si l'un des deux avait entendu parler de l'autre.

Le premier, c'était Freud. Le second, Saussure.

Deux moments clés de l'histoire de la pensée.

La vis, l'écrou.

Mais, étrangers l'un à l'autre, inutiles, clivés dans leur singularité alors qu'ils ne pouvaient opérer qu'à être deux, rivés en un dans la complémentarité de leur fonction structurante.

Y mettre le trait d'union ne fut pas le moindre

mérite de Lacan. Pourtant, jusqu'à ce qu'il postulât « L'inconscient est structuré comme un langage », personne ne semblait s'être aperçu que ces deux jalons, s'épaulant pour une dialectique inaugurale, ouvraient, liés enfin, la voie royale à une logique inédite de l'investigation. Auparavant, enfermés dans la spécialité qui leur était propre, analyste et linguiste, ignorant chacun l'existence de l'autre, chérissaient leur ghetto.

A la piscine de la cité, je rencontrais souvent un garçon d'origine roumaine qui était un excellent brasseur. Il s'appelait Frantz et occupait à l'université de Vincennes une chaire de linguistique diachronique. Son savoir théorique était inépuisable. Sans lui préciser pourquoi, je l'accablai de questions sur des points précis qui faisaient relais entre analyse et linguistique. Un jour que nous marchions dans le parc, j'essayai de l'attirer sur mes terres en le branchant, à propos de la sémantique de la métaphore et de la métonymie, sur la fonction de glissement et de condensation qui conférait au rêve et à la langue la même identité structurale. A ma stupeur, il parut ne pas comprendre ce que je lui disais. Je lui demandai alors s'il était au courant des applications thérapeutiques de la matière qu'il enseignait :

– Enfin, Frantz, d'après toi, la linguistique, ça sert à quoi ?

Il réfléchit un instant et m'assena sur le ton de l'évidence :

– A former des linguistes.

Au quattrocento, un cerveau humain – celui de Vinci par exemple – était capable d'embrasser la masse des connaissances de son temps, art, physique, anatomie, architecture, philosophie.

ALPHABÉTIQUE

Aujourd'hui, toute avancée dans un savoir donné est pluridisciplinaire. Paradoxe : aucun de ses fragments ne se relie plus à un tout – chaque « spécialiste », fermé au reste, n'en est détenteur que d'une infime partie – mais, pour progresser dans l'étude d'une de ces parties, l'accès à toutes les fractions de cet ensemble est nécessaire.

On aura compris que la rédaction de cet ouvrage n'obéit en rien aux lois de la chronologie ou de la primauté de l'anecdote – fût-ce par le biais des rêves interprétés – pas davantage qu'aux éléments de mon histoire personnelle (ils n'apparaissent que pour mieux désigner la topologie du point zéro), encore moins à la mise en ordre d'une hiérarchie qui les ferait intervenir par ordre d'importance.

Certes, ces éléments sont présents dans le fil de sa trame, mais imprévisibles, leur émergence n'étant soumise qu'à l'apparente confusion des faux hasards de l'inconscient.

Dans *La Dentellière* de Vermeer, le tableau entier s'ordonne autour de la seule chose que le peintre ne nous donne pas à voir, l'aiguille avec laquelle brode la dentellière.

Supprimez ce point central invisible, la toile fout le camp, elle ne *signifie* plus.

Dans ce texte, Lacan joue un peu le rôle de cette aiguille.

Même lorsqu'il en semble absent, il reste le point focal autour duquel tout se génère et s'organise. Cause de l'écriture, il en constitue également les effets. En d'autres termes, quoique omniprésent, il ne se trouve pas forcément là où il est, mais plutôt au lieu où il a l'air de ne pas être, le corps même de la *lettre*.

Tous les rapports humains s'articulent autour de la dépréciation d'autrui : pour être, il faut que l'Autre soit moins.

Le « *deux* » appelle un rapport de forces. Si tu es moins, je suis plus, si tu es plus, je ne suis pas assez, si tu es trop, je ne suis plus. Lacan s'était toujours réclamé d'un retour à Freud.

A supposer que leurs travaux se fussent situés à la même époque et eussent-ils vécu dans le même espace de pensée, il me semblait impossible, malgré leur qualité réciproque, que la fatalité de la loi du « deux » eût pu les épargner.

– Au fond, lui dis-je, il suffit de mettre deux crabes dans le même panier pour qu'ils se dévorent. Vous-même n'y échappez pas.

Il me regarda avec attention.

– Supposez que Freud soit toujours vivant. Vous chercheriez à vous démolir. Ce serait la guerre.

Au bout de plusieurs saisons, j'avais remarqué qu'il ne se dérobait jamais lorsqu'on le mettait en cause sur le registre d'une éthique : ce genre de questions faisait partie de mes petites joies. Après un temps de réflexion, il me répondit vivement :

– Rien ne prouve qu'il m'eût désavoué.

En dehors des stratégies de sa pratique, il n'était jamais neutre, ignorait le sens du mot « composer » et fonctionnait trop vite pour ne pas bouillir d'impatience : le monde était trop lent.

Il aurait voulu que chacun comprît tout comme lui, instantanément. Parfois, à cause de ce trépignement intérieur, pour un rien, le couvercle sautait.

Avec Gloria, qui aurait dû se trouver dans la pièce avant même qu'il l'eût appelée – elle ne s'en laissait pas conter et lui tenait tête jusqu'à ce qu'il baissât le ton avec des volte-face dont la rapidité me stupéfiait (il ne s'accrochait jamais lorsqu'il sentait qu'il avait tort ou était sur le point de commettre une injustice). Ou sitôt qu'il était aux prises avec les tracasseries du quotidien, l'obtention aux renseignements d'un numéro de téléphone, une démarche administrative, les raseurs qui le dérangeaient en cours de séance malgré le filtrage, l'indolence d'une standardiste.

– Quelle conne!

Il avait lu une de mes pièces. Quelque temps plus tard, il s'étonna qu'elle ne fût pas représentée. Je lui citai le nom d'une très fameuse et vénérable actrice – il la connaissait très bien – à qui je l'avais soumise et qui l'avait refusée.

Sortant brusquement de ses gonds, il leva les yeux au ciel, exhala un soupir exaspéré et cracha :

Quelle conne!

« Con », « conne », un adjectif dont les fourches de la double étymologie, sans rapport apparent, se recoupent pourtant, liées par une obscure racine commune ensevelie dans la nuit des origines du langage.

Le grec d'abord, *hystericon* – d'où nous viennent « hystérie » et « utérus » (désignant les organes de la gestation féminine) – dont l'usage et l'usure phonétique n'ont gardé que le *con* de la dernière syllabe.

Par extension, le *con* de cet *hystericon*, comme nous l'indique sans équivoque son sens *vulgaire*, concerne tout ce qui touche à l'absence de pénis. Pour un grec, traiter quelqu'un de « con » revenait à le dépouiller symboliquement de ses attributs virils, en d'autres termes, à le châtrer.

L'allemand ensuite, une très ancienne origine d'où a dérivé le mot *ecke*, « coin » (substantif dont on notera au passage qu'il est du genre féminin).
Le rapport entre la castration et un coin ?
Un con dans un triangle.
Parce qu'un con, par définition, est *coin-cé* – il ne peut pas aller au-delà d'un coin.
Mais ce coin lui-même, issu de la croisée de deux droites, sitôt qu'une troisième se referme sur les deux premières pour former le triangle qui le bloque, fusionne alors avec cet autre triangle fantasmatique de la castration, le pubis féminin, le *con* de *hystérique*.
– Quel con !
Lacan employa l'expression à deux reprises lorsque je citai le nom de personnages aussi illustres qu'imbus de leur importance dont je savais, à son insu, qu'il avait refusé de les prendre en analyse.
Trois mois après le début des séances, la plupart des symptômes apparents qui m'avaient conduit chez lui avaient disparu. Il paraît que j'étais « phobique ». Le Gros me l'avait révélé. Il avait raison. Ma vie était tissée de sensations déplaisantes lorsque survenaient certaines situations types dont la plupart procédaient d'une *comédie sociale,* entrer dans une épicerie, dire bonjour, je voudrais un paquet de café, me retrouver dans une foule, être à l'heure, participer à la plus dérisoire contrainte à norme vestimentaire cravatée, croiser quelqu'un que je n'avais pas envie de voir, faire semblant, par courtoisie, de m'intéresser à des propos convenus dont, à l'avance, je connaissais par cœur le morne enchaînement demande-réponse.
Autant de tortures bénignes qui me laissaient

hagard, le front moite, ravagé par une irrépressible envie de fuir.

En fait, elles ne s'étaient évanouies momentanément que sous la pression spécifique d'un temps de la cure. Mais, sur le coup, avec de neuves délices, je jouais à éprouver le soulagement de leur absence : « Deux baguettes, je vous prie, six yaourts et un paquet de beurre » : la volupté du rhumatisant libéré d'un lumbago.

L'avouer aujourd'hui me fait sourire : je suis toujours aussi phobique. Mais, entre-temps, j'ai négocié avec mes phobies.

Ou je ne me mets plus en position d'avoir à les éprouver, ou, le dussé-je, les considérant comme l'*accident d'un temps vide,* je les subis avec la résignation ennuyée qu'appellent les fatalités extérieures.

A l'époque où je cessais de les ressentir, elles n'étaient que les signaux d'alarme de dégâts plus profonds qui n'allaient pas tarder à se manifester.

Mais cela, je l'ignorais encore.

Le regard fixe, je continuais presque chaque jour à gravir les marches en colimaçon du 5 de la rue de Lille.

Les deux salons d'attente étaient toujours aussi encombrés de patients abîmés dans leurs réflexions. On ne peut décrire que ce qu'on imagine. J'étais là pour être ailleurs : même en faisant un effort, je ne me souviens de rien. Ni de la couleur des murs, ni du nombre de chaises, pas davantage que je me rappelle la position des lampes – y avait-il des lampes ? –, la teinte de la moquette ou l'emplacement des guéridons.

Une ou deux fois, « on » m'oublia dans la bibliothèque du fond. Combien de temps y restai-je ?
Je ne sais pas.
Gloria ne m'y eût-elle pas « découvert » (tiens, vous êtes là, je vais prévenir le docteur Lacan, il allait partir), oublieux du temps qui passe, j'y serais peut-être encore.

5

Nos possessions nous possèdent.
Pour l'avoir mal compris, certains, possédant trop qui ne jouissent pas assez, atteignent ce point bascule où l'argent, de *moyen*, devient *fin* en soi. Riches à millions, ils vont se consumer jusqu'à l'arrêt du cœur pour en capter le double : en chiffrant l'infini de leur manque, ils franchissent la barrière séparant le *besoin* du *désir*.
Limité, le besoin les bornait.
Infini, le désir les a-liène.
Il en est de l'argent comme de l'analyse. Existe une zone subtile de dérapage où fin et moyens, se substituant l'un à l'autre, intervertissent la logique de leur fonction. Il arrive parfois que ceux qui parlent, à force de parler, se transforment en professionnels du divan autant que ceux qui écoutent. Le verbe, sa pratique, sa durée et son tarif, devenus fin en soi, raison de vivre, finissent par constituer en un renversement pervers la structure essentielle d'une existence où le réel, réduit à l'irréalité de la lettre qui le tient à distance, ne se manifeste que pour mieux s'éluder dans la coulée du discours.

L'analyste lui-même n'est pas à l'abri de la contagion.

Pas davantage que ses analysants ne sauraient se passer de lui, à son tour, fantasmatiquement protégé de la mort par leur demande, pourrait-il survivre sans ce rempart d'âmes en peine, venues à lui pour qu'il nomme leur désir ?

Quoi du sien, lorsqu'on sait qu'en cette dialectique, figé par définition dans le non-agir, il tient la place du mort où sa vie même se dérobe ? Capitonnée. Coupée. Close. Certains, assis trop longtemps sur la berge, assument le risque suprême d'y rester. Maîtres à agir incitant à une action qui leur échappe, spectateurs neutres dont la vie se dilue dans le flot du discours de l'Autre sans que ne les effleure plus, sitôt sortis de leur cabinet – en sortent-ils jamais ? – le choc brûlant de sa pulsion, sperme et sang, battement de cœur, déchirement, blessure.

Je lui parlais de la fonction du saint, de l'ascèse, du renoncement, du *retrait*. Il haussait les épaules :

– C'est de la pure perte.

Il fallait avoir l'exceptionnelle envergure de Lacan pour passer d'une rive à l'autre, analyser, se battre, douter, s'indigner, vivre, chercher, jouir, souffrir. Franchir sans dommage les cercles entrelacés des trois ordres déterminés par lui, symbolique, réel, imaginaire. Et retour de la folie, toucher terre à chaque fois dans la rigueur absolue de la parole pleine, intact, afin que tout s'ouvre encore ailleurs, sur autre chose.

Je fus malade un jour. Je le lui avouai pour annuler mon rendez-vous du lendemain. Avec une rapidité qui me sidéra, il organisa une prise en charge instantanée où, miraculeusement, en quelques heures, des portes s'ouvrirent qui auraient dû rester fermées, et, des gens que je n'avais jamais vus, parce qu'ils avaient entendu un mot de sa bouche, se mirent à me traiter comme si je leur étais infiniment précieux.

Père. Dieu le Père.

J'avais quinze mois peut-être, je m'en souviens toujours.

Mes parents m'avaient confié pour la soirée à une amie.

Un orage éclata. Mon père revint me chercher. On me sortit de mon lit. Mon père me chargea sur ses épaules comme un fétu, m'abrita de la pluie et, arpentant à grandes enjambées sûres les rues mortes du village, affronta la nuit jusqu'à notre maison. Minuscule, ballotté, grisé par cette formidable force en marche qui faisait échec à la tempête, je ressentis, cette nuit-là, l'intensité d'une protection totale. J'en parle par analogie, pour ce rayonnement d'énergie éprouvé à des années-lumière de distance par l'enfant que je fus, blotti contre son père, et l'homme que j'étais, redevenu enfant à l'épreuve d'une puissance identique. Dans les deux cas, la même certitude : rien ne pouvait m'arriver.

Des rumeurs circulaient... « Il paraît qu'il y a beaucoup de suicides chez Lacan. » En acceptant d'écouter ceux qui allaient mourir, il était l'un des très rares à accepter le risque de leur inéluctable cassure.

Presque aucun autre analyste, pour ne pas entacher d'un décès sa carte de visite, ne se serait hasardé, ne fût-ce qu'une fois pour n'affronter qu'un seul de ses regards, à assumer le défi d'un de ces « êtres-pour-la-mort ».

J'avais repéré chez lui une petite brune du genre boulotte, rigolarde, indifféremment vêtue d'étoffes fanées qui n'avaient pas dû coûter cher. Mentalement, je l'avais baptisée Marcelline.

A plusieurs reprises, nous nous étions retrouvés dans la bibliothèque du fond où se cachait dans l'ombre d'une étagère un ouvrage d'Ania Teilhard sur l'interprétation des rêves.

Je l'avais cherché partout dans Paris. En vain. N'osant ni le voler ni demander à Lacan de me le prêter, je le dévorais au cours de mon attente, maudissant la hâte de Gloria qui, m'appelant trop vite, m'arrachait à ses secrets. Un soir qu'elle m'avait fait pénétrer dans la pièce, je voulus le prendre à sa place habituelle : il n'y était pas.

Assise dans un coin, j'aperçus alors la petite boulotte qui l'avait en main. Gloria me pria de la suivre...

Plus tard, dans la rue, sur le seuil de la porte cochère, j'attendis « Marcelline ».

Elle apparut, je l'abordai.

– Vous allez dans quelle direction ?

Ma voiture était garée sur le trottoir. Il pleuvait.

– Montparnasse.

– Moi aussi.

C'était faux.

– Si vous voulez, je vous dépose.

Elle prit place.

Rue des Saints-Pères. Virage à gauche boulevard Saint-Germain. Rue de Rennes.

– Vous voyez Lacan depuis longtemps ?

– Six mois.

Essuie-glace et la pluie. Je me maudis pour la

lourdeur de ma question. Mais je voulais savoir. Boulevard Raspail.
— C'était grave ?
— Quoi ?
— Ce qui vous a amené chez lui ?
Rire désabusé.
— J'étais passée à travers une fenêtre.
— Un accident ?
Le rire, encore.
— Non. J'avais sauté.
Bref coup d'œil de ma part. Elle était naturelle, sereine.
Sur le ton de la plaisanterie, pour masquer ma gêne :
— Quel étage ?
— Huitième.
J'évitai de justesse une voiture.
— Et vous avez survécu ?
— A cause de l'enfant. Je le tenais dans mes bras. C'est lui qui a pris tout le choc.
Les détresses de ce genre ne trouvaient jamais chez lui porte close. Dans les cas aigus de souffrance, il tenait la vie entre ses doigts, la vie des autres. Les eût-il desserrés, eût-il commis la moindre erreur d'appréciation, prononcé un mot maladroit, prolongé un silence, appuyé un regard au mauvais moment, tout pouvait basculer dans le néant : parmi ces condamnés avides de leur mort, voués à la mort, morts presque, et qu'il arrachait à la mort pour les ramener de très loin sur la rive, combien, sans son intervention, eussent survécu ?
Une autre rumeur voletait : « Il lui arrive de garder ses analysants dix secondes à peine. »

On a beaucoup glosé sur les séances courtes.

Elles bousculaient trop d'idées reçues pour ne pas méduser ceux qui puisaient leurs certitudes dans les lois d'un *usage*. A cause d'elles, indirectement, je provoquai la révolte de mon éditeur. Il était tombé par hasard sur une émission télévisée dont je partageais l'affiche avec une psychanalyste suisse. Le programme durait une heure. A elle la première moitié, à moi la seconde. Une notable aux cheveux blancs.

Respectable, grise, didactique, dogmatique.

Attendant mon tour pour parler d'un roman fraîchement publié, je l'écoutais dans une semi-torpeur lorsqu'elle eut cette phrase : « Chez moi, c'est bien simple. Les séances durent quarante-cinq minutes. Je pose un sablier sur ma table de travail. A l'instant où le dernier grain s'est écoulé, terminé. »

J'en bondis d'indignation : Comment pouvait-on abandonner à l'arbitraire d'un grain de sable l'effet de ponctuation d'une levée de séance ? Du haut de ses quarante ans de certitude, sur un ton de mépris agacé, elle me remit vertement à ma place – la plus basse. Aux anges, le présentateur s'empressa d'attiser la querelle jusqu'au moment où je l'entendis dire : « Je vous remercie d'avoir participé à notre émission. La semaine prochaine, etc. »

L'heure était donc passée : pris par le débat, pas une seule fois je n'avais songé à citer le titre du livre qui m'avait amené dans ce studio.

Au début, Lacan me laissait parler autant que je voulais, n'hésitant pas à me relancer s'il sentait une hésitation, un fléchissement. Dans un second stade, ne désirant surtout pas entendre ce qu'il avait à me dire, c'est moi qui le coupais fiévreusement dès qu'il voulait m'interrompre. Ensuite, je fus soumis à sa loi : la véritable élaboration du travail se faisait surtout dans les intervalles séparant deux séances. Le cabinet ne jouait qu'un rôle de catalyseur. Très vite, je compris le sens de scansion d'un mot coupé au cœur d'une phrase dont les syllabes allaient m'habiter jusqu'à ce que s'y révèle le foudroiement d'une interprétation. Lacan se levait brusquement, c'était là que je devais chercher, à ce point précis de suspension qu'il m'indiquait. Il pouvait se situer à n'importe quel instant, sitôt que je me rapprochais d'une issue dont l'ouverture, sans ce dépliement brusque de son corps, cette chaise repoussée et ce soupir d'agonie qui lui était familier, me serait restée invisible. Dix secondes, vingt minutes ? Je l'ignorais. Le temps n'y entrait pas en jeu : lorsque l'intensité y fait défaut, aussi bien pourrait-il être le temps sans durée de la mort. Je m'aperçus alors que la notion d'*incertitude* qu'il avait introduite dans les séances courtes recréait en fait la fonction même de la vie : faire *bouger* les choses en reproduisant ces *accidents* qui la rendent vivante, précisément parce que tout y est précaire, incertain, et que rien n'y est donné, rien n'y est acquis. Par opposition, la routine sécurisante de l'heure fixe m'apparaît après coup comme un *confort* que n'altèrent ni la butée du mutisme ni la pétrification du déjà-dit ressassé dans la monotonie d'un bégaiement.

Au cours de son existence, l'être humain ne possède qu'une certitude, celle de sa mort.

Par syllogisme, il est facile d'en déduire le désir de mort inconscient métaphoriquement contenu dans toute recherche de certitude. Quand un jeune homme de vingt ans accepte de combler l'inconnue de son désir par le biais d'un plan de carrière – aux abords de la soixantaine, il *finira* président de l'entreprise qui l'engage – à son insu, éliminant tout accident de parcours, on peut être certain, parce qu'il a choisi de rejeter de sa vie tout ce que l'imprévu y pourrait ouvrir dans le champ de la jouissance, qu'il aspire à *mourir par peur de vivre*.

Un paradoxal miracle peut le sauver de quarante années de *pure perte* : le *ratage*.

Car là où on rate, c'est là qu'on réussit.

Mais à l'usage des gagneurs – dans le sens de « gagner son salut » – qui osera jamais écrire le traité de l'échec ?

En attendant, je faisais l'apprentissage du silence.

Lorsque j'avais trop de choses à dire, craignant que Lacan ne me laisse aller au terme de leur débit, je les crachais à toute allure afin qu'il en absorbe la moindre parcelle – toujours la hantise de n'être pas *compris*.

Un jour, ayant vidé la totalité de mon sac, je crus qu'il allait se lever : il n'en fit rien. Assis à son bureau, il continuait, comme s'il avait oublié ma présence, à tracer des idéogrammes sur un bloc de papier. Gêné soudain par l'absence du volume sonore de ma voix dans la pièce, je me tortillai avec embarras sur ma chaise ; il ne bronchait toujours pas. De l'autre côté de la porte, je savais que les patients s'accumulaient. Il lui était donc impossible de m'imposer trop longtemps cette torture neuve de mon propre silence. Dix minutes plus tard, il griffonnait toujours.

Muscles tendus, bloqué, je m'apprêtais à ouvrir la

bouche – pour dire quoi ? – lorsqu'il marmonna son habituelle relance aux inflexions traînantes :
— Oui ?
— Rien, dis-je avec agressivité.
Un nouveau quart d'heure s'écoula sans que ni l'un ni l'autre ne prononçât un mot.
— Oui ?...
— Rien !
Ce « rien » faisait écran à l'insupportable angoisse qui aurait dû, à son intensité, me donner la mesure des choses que je refoulais.
— Oui ?...
— Rien.
Une heure plus tard, je sortais de son bureau. Brisé. Je n'avais pu tirer aucun son de ma gorge, sinon ce « rien » rageur qui me renvoyait à un « tout » dont l'étendue confusément ressentie me pétrifiait. Au cours des mois qui suivirent, Lacan, à intervalles capricieux, renouvela le malaise des prolongations jusqu'au moment où l'intensité de mon trouble me contraignit – enfin – à comprendre ce que pouvait être la force d'une résistance.

Parfois, il allumait un cigare. A leur forme en vrille, j'avais identifié les Punch Culebras de chez Davidoff. On ne les trouvait qu'en Suisse. Il m'arrivait d'aller à Genève. Je lui demandai s'il souhaitait que je lui en rapporte. Il accepta. Les deux boîtes achetées à chacun de mes voyages devinrent un rite se redoublant du plaisir de les lui faire intégralement payer.

Entre-temps, par ses mimiques, il avait manifesté son agacement à l'égard du cendrier que je finissais par garder sur mes genoux pour ne pas lui passer sans cesse le bras sous le nez.

J'allumai cigarette sur cigarette. Le cabinet était minuscule.

Je m'asseyais le dos à la fenêtre. Elle donnait sur les pavés de la cour, juste au-dessus du marronnier. Penché sur son bureau, face au mur, Lacan m'offrait son profil droit. Souvent, lorsqu'il estimait que son silence avait produit un effet de vérité, il pivotait brusquement sur sa chaise et, me faisant face soudain, ponctuait d'un signe ce qu'il avait semblé ne pas entendre. Aux débuts, quand il arrivait que nos regards se croisent, par bravade, je mettais un point d'honneur à ne pas baisser le mien. Je compris très vite ce que cette joute épuisante devait à mon imaginaire et dès lors, de défi, mon regard, lorsqu'il se posait sur son visage, ne devint plus que question.

Un jour, il me fit une remarque sur la fumée qui envahissait le bureau. Il la réitéra jusqu'à ce que je comprisse qu'il *valait mieux* ne pas fumer en cours de séance.

Je m'abstins donc désormais de sortir mes Philip Morris de ma poche : ainsi fut abandonné définitivement l'un de mes ultimes automatismes de défense.

Ce long bras de fer au cours duquel j'avais successivement appris à être à l'heure, à lier l'idée de paiement au travail que j'accomplissais et à éliminer progressivement les tics, attitudes ou autres positions de parade qui en ralentissaient le fruit, avait duré à peu près un an.

Je ne cherchais plus à séduire, pas davantage à prouver, à prétendre, à rivaliser.

Il faut dire que, peu avant, il m'avait administré une magistrale leçon. Un après-midi, exaspéré par je ne sais plus lequel de ses silences – ou peut-être par

l'une de ses rares interventions –, je lui avais lancé avec rage :
— Vous imaginez peut-être que je ne suis pas aussi intelligent que vous ?

Il me regarda avec une douceur désarmante, poussa un soupir de fin du monde et murmura :
— Qui vous dit le contraire ?

Plus d'adversaire : K.-O. debout.

A partir de là, j'acceptai d'être nu, je ne cherchai plus qu'à comprendre. Malheureusement, plus j'avançais, moins je comprenais. Chaque pas en avant, ouvrant un champ nouveau de mon inconscient à ma conscience, n'avait pour effet que de me dérober un peu plus ce que je croyais avoir entrevu la veille en me faisant durement sentir la décourageante étendue de ce que j'ignorais.

Imperturbable, Lacan me laissait m'enferrer.

Il ne me contredisait jamais lorsque je commettais une erreur d'interprétation : fallait-il qu'il fût sûr de la direction qu'il imprimait à la cure et de l'intuition de sa pensée pour me laisser patauger dans les méandres où se perdait la mienne...

La longe bien en main, il ne me donnait aucune indication sur la multitude d'impasses où je m'enlisais. Je croyais avoir trouvé. Je quêtais son approbation. Il acquiesçait d'un sourire. Je sortais de chez lui avec la certitude de tenir quelque chose. La nuit la détruisait : ce n'était pas ça. J'étais donc en droit d'interpréter ses silences devant mes tâtonnements ou l'éclat affiché de mes sophismes comme autant de mensonges de sa part.

J'en tirai deux enseignements.

Le premier, à trouver tout seul.

Je n'avais aucune aide à attendre de lui. Mais, chaque réponse amenant une autre question, comment savoir, afin d'y prendre appui pour aller plus loin, si je manipulais la bonne réponse ? Le temps jouant son rôle, je le découvris par mes propres moyens : quand je possédais *la* bonne réponse, la question, vidée soudain de toute substance, perdait sa raison d'être et disparaissait d'elle-même. Tour à tour, la multitude de ses facettes m'étaient apparues en pleine lumière : plus de zones d'ombre. A ce stade de certitude ressentie, apaisement et jubilation confondues, je n'avais même plus à demander l'avis de Lacan : *Je savais.*

Le second était plus troublant : le mensonge de l'Autre est parfois nécessaire pour aboutir à sa propre vérité.

IV

Anecdotique

6

Il n'y a pas de jouissance de la jouissance.
Je sais de quoi je parle, j'y suis allé. Je l'ai même habitée assez longtemps pour ne pas méconnaître que l'excès d'une durée s'y oppose. Tel est le point où butent les hédonistes.

Confondant le discours sur la jouissance et la jouissance de leur discours, érigeant la pratique du plaisir immédiat en éthique du bonheur, ils semblent ignorer – à supposer qu'ils fussent sortis pour la vivre du discours qui l'abolit – qu'elle ne peut se dire sous peine de se dérober et que le réel, immanquablement, les aurait ramenés dans l'impasse d'une antinomie.

Histoire connue des trois sophistes.

Après cinq heures de discussion, les deux premiers finissent par prouver au troisième que l'espace n'existe pas.

Il s'incline à regret, se lève et sort de la pièce.

Ainsi se marquent, sitôt qu'il cherche à modifier le réel ou à en nier l'existence, les limites du symbolique. Posée comme but à atteindre, la jouissance devient alors un leurre de l'imaginaire : on croit s'y installer, elle vous quitte.

C'est pourquoi ceux qui ont « tout » n'ont pas grand-chose.

Quand les objets et les heures peuvent se multiplier à l'infini dans l'accablante profusion de leur abondance, les visages et les paysages s'interchanger sans que bouge la saison d'un éternel été, ils ne sont que la marque d'un vide où rien ne s'inscrit, qu'un autre vide.

L'empreinte en creux de cette absence pèse aussi lourd que le malheur, le malheur doux du mal de vivre.

Tout s'y oublie, tout s'y ressemble. Rien ne s'y crée.

La mémoire ne grave que ce qui la brûle : quoi ? L'instant.

Adolescence... A minuit, le soir de Noël, je me suis échappé de ma maison endormie pour retrouver une femme, mon aînée de huit ans. Je roule à bicyclette sur des chemins de terre pétrifiés par le gel. Il fait peut-être moins quinze. L'air glacé est aussi dur que la lame d'un couteau. Les cyprès m'accompagnent, je pédale dans le silencieux délire des constellations explosant sur le noir du ciel pur. Elle m'a juré de s'échapper de la ferme où des amis l'ont invitée. Je range ma bécane contre une haie vive. J'attends. Je guette les lumières filtrant à travers les volets clos. Chaque dilatation de mes poumons s'achève en jet de vapeur jailli de mes lèvres et de mes narines. La voici. La porte ne s'est entrouverte qu'un fragment de seconde, délivrant la rumeur des chansons et la barre lumineuse où se détache sa silhouette. De nouveau, le silence et le noir. Elle a fait quelques pas. Elle me cherche. Je siffle doucement. Elle se dirige dans ma direction. Serrés l'un contre l'autre, debout, nous regardons les étoiles jusqu'à ce que nos mains soient aussi glacées que la nuit. Je l'entraîne vers une grange où s'accumulent des balles de paille dont des brassées jonchent le sol. Les deux petits nuages de vapeur s'échappant de nos bouches qui se frôlent n'en font plus qu'un.

A travers l'épaisseur de mes vêtements, elle glisse ses doigts de métal froid sur ma poitrine. Risquant le même geste, j'insinue les miens sur son ventre. Plus bas encore, j'écarte doucement le fragile tissu qui protège l'emplacement où le corps d'une femme est plus doux que le dessous d'une aile de colombe. Les yeux écarquillés, je regarde avec incrédulité ses yeux qui me regardent : engourdie par ce linceul de froid, ma main vient de pénétrer dans une fournaise.

Vingt ans, la Méditerranée, le soleil d'août. J'ai plongé à quinze mètres de profondeur. Le fond est un lit caressant d'algues souples. Je me retourne sur le dos vers les éclats de lumière dont les réfractions fugaces, sans arriver à la percer, strient l'écrasante masse d'azur sombre qui m'enserre. Là-haut, si haut que je n'arriverai jamais à y remonter, le corps de la femme que j'aime, orange vif à travers des vibrations de velours noir, perçu dans une cassure d'échelle qui le rend fragile, aussi infime qu'un fragment d'écorce de mandarine flottant à la surface d'un halo d'argent. Je me laisse porter lentement vers la lumière. A chaque frémissement de mon corps, les couleurs changent, indigo, violet, outremer, cobalt, bleu de Prusse, céruléum. Je monte lentement vers cet orange pur, sa couleur vire à son tour, devient chair de chaleur douce.

A bout de souffle, je passe de l'autre côté du miroir et émerge au soleil.

Vingt ans toujours. Plein midi. On sort un noyé de la mer. On recouvre son corps d'une toile. Des hommes le font glisser sur une civière qu'ils chargent dans une fourgonnette. Elle démarre. A l'arrière, dépassant du suaire qui le cache, les deux pieds bleuis du cadavre tressautent au rythme des cahots.

Moscou, minuit, un 31 décembre. Je quitte le restaurant plein de clameurs et de vodka, contourne le Metropol et arrive sur la place Rouge. Son infini y est borné par la basilique Sainte-Sophie dont l'or des coupoles byzantines luit sous des batteries de projecteurs. Pointés vers les nuages, ils illuminent le volettement des papillotes de neige qui chutent du ciel bas.

Perdues dans la perspective sonore de cette immensité, quelques ombres emmitouflées se regroupent autour d'un accordéoniste adossé au mur du Kremlin.

Printemps en Irlande, County Wicklow, à l'ouest de Bray et au nord de Rounwood. Au bas d'un cirque de montagnes, un lac noir. Sur ses berges, sorti tout droit d'une légende celte, un château blanc. Trois heures du matin. J'ai dîné dans le château. Je sors. Mes amis referment la porte. Je n'aurais jamais imaginé que quelque chose pût être aussi noir que cette nuit où se chevauchent les étoiles. Je monte dans ma voiture. Et je vois : des points lumineux dansent devant mes yeux. Ils se déplacent lentement sur fond d'arbres immenses nés des mystères de la forêt de Brocéliande. J'allume mes phares. Apparaissent dans leur faisceau une multitude de biches et de daims. Je redescends. Ils ne fuient pas. Je m'immobilise en leur centre, longtemps. Plus tard, lorsque j'arrive au bout de la route qui grimpe du lac au sommet des collines, je coupe le moteur, sors de la voiture et m'appuie sur le capot pour écouter le silence inouï de la nuit. Une évidence, je suis le seul homme de la planète, le premier, le dernier.

Cinq instants, cinq brûlures. La grange et le vélo, l'orange dans la mer, Éros.

Le noyé du mois d'août, Tanathos.

Mais Moscou ? Mais le lac noir et les biches ? A quoi rattacher l'insistance de leur récurrence ?

Ni la vie, ni la mort, et pourtant quelque chose qui simultanément s'y rattache, les sépare et les lie dans une identique transcendance : l'*intensité*. *Border-line* au lieu d'où se prouve la vie et s'annonce la mort, elle s'éclipse d'être *trop* : trop, comme un son parfait qui durerait trop longtemps, une couleur trop pure, un amour trop violent, une beauté trop douloureuse. *Trop*.

Rien en apparence ne s'opposerait à ce que la jouissance ne soit pas éternelle, sinon le *trop* de l'intensité et *l'intensité de ce trop* qui sonnent précisément le glas de son annulation.

Mais pour savoir que le *jouir trop* nous la dérobe, pour bien comprendre à quel point nos corps, notre psychisme et nos délires eux-mêmes sont placés sous le signe de la limite, encore faut-il avoir eu la possibilité de faire le voyage. Et d'en revenir : à supposer que quiconque puisse vivre sans espérer, tel serait pourtant l'antidote de ce poison qu'on appelle l'espoir.

Aucun risque de ce genre avec Lacan. Plus s'écoulait le temps, moins je jouissais. Les prouesses accomplies pour le payer touchaient à leur terme. En dehors de celui que je lui versais, il m'arrivait certains jours de ne même pas avoir assez d'argent pour acheter un paquet de cigarettes. C'était le cadet de mes soucis. N'eussé-je eu l'envie de fumer, je ne me serais même pas aperçu que j'étais fauché. Dans la hiérarchie de mes valeurs, l'avoir n'avait jamais tenu une place prééminente.

Maintenant, c'était pire. Tout ce qui n'était pas l'analyse me laissait parfaitement indifférent. Mais il y avait Lacan...

Je dus prendre sous des pseudonymes divers des petits boulots d'écriture si médiocres que, de peur d'humilier des inconnus à l'époque où j'avais le pouvoir de faire travailler les autres, j'aurais refusé de les leur confier. De toute façon, même pour des sommes énormes, il m'aurait été impossible de concilier le travail que j'accomplissais avec une quelconque activité régulière. J'étais entré dans mon nuage. En fait, j'y avais déjà pénétré pendant la période d'incubation où le *désir de l'analyse,* avant même d'avoir été verbalisé, produit néanmoins ses effets de symptôme. Au cours de cette période d'incubation molle où les caisses me servaient de miroir, des amis attentifs, inquiets de ma disparition et de mon brusque changement de parcours, m'avaient proposé une tranche quotidienne d'une heure dans la célèbre station de radio qu'ils dirigeaient. J'étais si enthousiaste que, à leur étonnement, j'avais refusé qu'on cite mon nom à l'antenne. Le principe de l'émission était simple : je disais « bonjour » et passais la parole aux auditeurs qui posaient des questions par téléphone à des spécialistes du droit, du corps, du cœur.

Le mardi était le jour des enfants.

Le premier mardi, je vis arriver une étrange bonne femme aux cheveux gris dont je m'aperçus avec gêne que son regard me fouillait l'âme. Sans lui avoir dit un mot, je sus instantanément qu'elle avait compris le malentendu de ma présence en ce studio.

Elle s'appelait Françoise Dolto.

Quand j'ouvris l'émission en lançant d'une voix lugubre le « bonjour » que je devais arracher chaque début d'après-midi à ma gorge nouée, je vis qu'elle m'observait avec acuité derrière ses lunettes d'institutrice. Ses yeux étaient extraordinaires d'intelligence, de profondeur, de sensibilité.

Des yeux qui vous arrachaient le masque et rendaient vain tout mensonge. D'emblée, elle me sidéra.

– Allô, disais-je, qui est en ligne ?
– Marc.

Elle se concentrait une seconde avant chaque appel, inspiration profonde, mains jointes à la hauteur des arcades sourcilières, yeux clos. Elle les rouvrait, lançait d'une voix chaude :

– Bonjour, Marc.
– Bonjour, madame.
– Quel âge as-tu ?
– Sept ans.
– Et pourquoi tu m'appelles ?
– C'est à cause de mon frère...
– Il a quel âge ?
– Quatre ans, madame.
– Qu'est-ce qu'il lui arrive ?

Légère hésitation de l'enfant.

– Il embête tout le monde.
– Vraiment, Marc ? Raconte-moi !

— Il est pas gentil avec mes parents... Il fait pipi au lit... Il pleure... Maman est obligée de se lever la nuit...
— En effet, c'est pas très gentil. Quoi d'autre ?
Nouvelle hésitation...
— Des trucs... Des trucs pour embêter... Il pleure...
— Tu me l'as déjà dit, Marc. C'est pas bien grave, tout ça... Quoi d'autre ?
— Il se ronge les ongles !
Alors, Dolto :
— Eh bien, Marc, toi, tu dois cesser de *ronger* ton frère.
Silence de l'enfant.
— Tu me comprends, Marc ?
— Oui, madame.
— Tu en es bien sûr ?
— Oui, madame.
— Au revoir, Marc.
— Au revoir, madame.
Misérable intervention du « meneur de jeu » — moi — se souvenant brusquement qu'il était là pour dire quelque chose.
— Prochain appel...
L'un des deux amis qui m'avait engagé — il devait, à ma grande peine, se suicider quelques mois plus tard — me confia un soir la fascination que Dolto exerçait sur lui : « Elle incarne toutes les femmes à la fois, ta fille, ta femme, ta mère, ta maîtresse. »
Un jour, pour jauger à ma réaction le degré de ma névrose, elle joua à me mettre en porte à faux. La brutalité du test fut aussi inouïe que lors de son intervention avec Marc.
Plantant ses yeux droit dans les miens :

ANECDOTIQUE

— Est-ce que je vous plais ?
— Pardon ? bredouillai-je.
— Je vous demande si je vous plais ?

On m'avait déjà posé cette question, son interprétation ne prêtait pas à l'équivoque. Mais là ? Elle ? Où voulait-elle en venir ?

— Comme quoi ? dis-je pour gagner du temps.

Sans me lâcher du regard, elle écarta les bras en signe d'évidence :

— Comme femme.

Le regard, lorsqu'il se porte sur nous, ne prend sa charge que parce qu'il nous surprend en tant qu'êtres de Désir. Mais tout désir n'est que la métaphore du désir premier relié à l'évidence à la culpabilité de l'inceste. Or, ce désir ne s'articule pas sur la pulsion, mais dérive du signifiant de l'objet qu'il désigne, le mot « mère ». Car avant d'être objet de désir, « Mère » est un signifiant et reste un signifiant : *désir d'un signifiant.*

J'appris par la suite l'estime et le respect réciproques qui la liaient à Lacan. Des années plus tard, je lui parlai d'un livre qu'elle venait de publier, *L'Évangile au risque de la psychanalyse.* Malgré — ou à cause de — sa formation catholique, il n'aimait pas que fussent mélangés les genres. Il haussa les épaules : à ses yeux, le temps d'un écrit spécifique, sa brebis s'était égarée. Il a disparu avant elle. Mais, lorsqu'elle est morte, j'ai éprouvé le même sentiment qu'à la mort de Lacan : le monde serait un peu plus pauvre, un peu plus bête.

Entre-temps, rue de Lille, rien n'allait plus.

Nos rapports devenaient de plus en plus tendus. Par honnêteté intellectuelle, pour qu'il ne s'imagine pas que je puisse le rouler d'un fragment de son temps, je le prévenais *avant* la séance que je n'avais pas de quoi le payer.

Parfois, il ne bronchait pas.

— Oui ?... disait-il comme si je n'avais rien dit.

La sueur au front, je passais rapidement à autre chose.

Au bout de plusieurs semaines, quand les séances dues s'accumulaient, je sentais venir la crise. Les deux premières années, elle éclata à deux ou trois reprises avec une violence qui me terrifia.

Avec des mots très durs, Lacan me menaça de mettre fin à la cure si je ne trouvais pas le moyen de régler mes dettes.

Le lendemain, la bouche sèche, habité par l'irrépressible tentation de fuir le drame que j'allais provoquer, plutôt que d'y céder, je gravissais les marches usées avec la pâleur d'un condamné montant à l'échafaud.

— Je n'ai pas d'argent.

J'en étais malade. Malgré le recul, je ne sais toujours pas aujourd'hui si les emportements de Lacan étaient réels ou s'il s'agissait d'une colère d'acteur à des fins thérapeutiques.

La première étape de mon analyse devait nécessairement passer par un indispensable *retour au réel* : sans l'électrochoc de ses déchaînements qui me plongeaient dans un état de panique, eussé-je pu franchir le cap ?

Je compris alors qu'au lieu de vivre avec cette envie de vomir, mieux valait tenter d'en supprimer les causes.

C'est-à-dire, de nouveau, gagner de l'argent.

Mais comment ?

En dehors de ce que j'avais déjà pratiqué, écrire, dessiner ou peindre, je ne savais pas faire grand-chose. Or, je sentais par intuition qu'un retour aux sources à plein-temps, à cet instant précis de mon travail, était incompatible avec la concentration qu'il exigeait de moi. Ignorant que le hasard n'existe pas et que, sans m'en douter, je ne m'étais perdu au moment des faits que pour mieux me trouver, j'avais cru pendant longtemps avoir agi sur un coup de tête.

Il était huit heures du soir. On était en hiver. Mes journaux sous le bras, je descendis de mon bureau et sortis dans la rue où, portière ouverte, mon chauffeur m'attendait. Tout se joua alors en une fraction de seconde : je me « vis » comme je vis l'inéluctable trajectoire qu'allait être ma vie. J'avais trente-cinq ans. Dans trente ans, j'en aurais soixante-cinq. Avec de la chance, un autre chauffeur m'attendrait peut-être et je dirigerais toujours un autre journal. Anéanti soudain par l'accablante sensation de voir passer le convoi de mes propres obsèques, je remontai à mon bureau, m'emparai du téléphone et appelai une compagnie aérienne : Où, sur la planète, pouvais-je trouver l'été en février ? La Guadeloupe.

Le vol partait peu avant minuit. Je prévins ma compagne de préparer un sac de voyage. Elle ne me demanda même pas pour où : « Chaud ou froid ? – Chaud », lui dis-je. Quelques heures plus tard, je me retrouvai au cœur d'un Gauguin.

Un cheval blanc, bleu sous la lueur de l'aube qui allait naître, paissait une herbe d'un vert profond piquée de fleurs rouges le long d'une plage bordée de palmiers et de bougainvillées.

Je sus qu'une page était tournée, je ne reviendrais plus.
Délibérément, je venais d'opter pour l'aléatoire.
Mais le réel est un grand maître. Si demain la vie me bouscule, si elle me prive de mes choix mais que j'aie toujours envie de la vivre, j'accepterai d'en payer le prix en faisant, pour la prolonger, ce que me dictera la nécessité.
Sans y voir la moindre atteinte à ma liberté.
Car ma seule vraie liberté ne dépend que de moi, je la possède : quitter la vie si le désir me déserte.
Je revoyais le Gros. Gants aux poings, on se battait, on débattait, on refaisait et défaisait le monde. Il s'était brusquement découvert des passions puissantes de collectionneur. De cabinet médical, son appartement s'était peu à peu transformé en entrepôt où s'empilaient armes, timbres, caisses de vin, meubles, tableaux. En dehors du bourgogne et des bordeaux, son approche des objets et de la peinture était désastreuse. Comme s'il eût pu se former le goût et absorber la totalité de l'histoire de l'art à la lecture d'ouvrages de marchands mentionnant la cote incertaine de quelque obscur barbouilleur de chromos. Il insistait sur la modicité des sommes déboursées pour ses trouvailles. Je lui rétorquai que même raflée aux Puces, une croûte ne méritait pas un centime. Il haussait les épaules et, en signe de dédain, débouchait une bouteille de passetougrain. Un jour, il organisa une séance de travail sur un texte de Lacan. J'y participai. Nous étions quatre, le Gros, un linguiste, une longue fille aux cheveux crépus – dont la spécialité ne me fut pas révélée mais qui avait préparé les sandwiches – et moi-même. En dehors du

ANECDOTIQUE

Gros, qui guidait la lecture, je suppose que nous étions tous novices puisque nous n'allâmes pas plus loin que cette première et unique phrase extraite au hasard de *L'Instance de la lettre dans l'inconscient* : « Avant la seconde propriété du signifiant de se composer selon les lois d'un ordre fermé, s'affirme la nécessité du substrat topologique dont le terme de chaîne signifiante dont j'use d'ordinaire donne une approximation : anneaux dont le collier se scelle dans l'anneau d'un autre collier fait d'anneaux. »

– Alors, dit tranquillement le Gros en nous dévisageant à tour de rôle, qu'est-ce que ça veut dire ?

Nous passâmes l'après-midi à tâtonner à la recherche de l'approche d'un sens. Chaque mot en lui-même était un monde qui nous ramenait à un savoir inconnu, lequel s'ouvrait sur une infinité d'autres disciplines hors de notre portée malgré la bonne volonté du Gros pour nous mettre sur la voie.

Au cours de mon analyse, vingt fois il voulut m'amener aux séminaires de Lacan. Vingt fois, pour des raisons diverses, je m'y dérobai : tout acte manqué est un discours réussi. Je connaissais le Lacan de la rue de Lille à qui Gloria, chaque jour à cinq heures, apportait sa tasse de thé et ses deux dattes. Le Lacan intime, homme de cabinet. Peut-être n'avais-je aucune envie d'assister au numéro chatoyant qui, indifféremment, faisait courir les snobs aussi bien que ceux qui se passionnaient pour l'histoire et l'évolution de la pensée. Mon intuition avait dû me souffler que ma position d'analysant me rendait trop vulnérable pour jouer sur deux registres simultanés d'un même personnage. Avec le recul, je ne le regrette pas.

Je devais d'abord déconstruire. Patiemment.

105

Je commençais aussi à souffrir. Une souffrance aiguë de loup solitaire. Mes valeurs vacillaient. Ceux que j'avais côtoyés ne m'intéressaient plus et d'autres, très peu, que je désirais connaître, ne s'intéressaient pas à moi. Plus assez idiot pour savourer le bonheur d'être dupe, pas assez avancé pour lui trouver un produit de remplacement, je boitais de la tête et du cœur et n'avais d'autre recours, pour compenser ma claudication, que ma rage de comprendre.

M'eût-on alors expliqué pourquoi, j'aurais refusé d'admettre que la souffrance faisait partie du sac.

Or, c'est un fait, aucun dépassement, aucun franchissement ne s'accomplit sans la souffrance.

Tant d'années après, ne pouvant ni ne voulant prendre une distance intellectuelle ou rationaliser avec froideur ce qui jadis me bouleversa, ou, pour mieux renier ce qui fut subi, le traiter par la dérision sous le manteau de la pudeur, pourquoi ne pas la dire ?

Pas davantage qu'une existence conçue en termes de destin, aucune création n'y échappe.

« Il faut se placer délibérément en état de cauchemar pour approcher le ton véritable. »

Le « ton véritable », c'est la Vérité.

Pour y atteindre, suffit-il de passer, comme Céline, par le cauchemar ?

En d'autres termes, l'analyse est-elle une création ?

Qu'est-ce qui s'y joue ? Qu'est-ce qui s'y forge ?

Ce qui *s'y crée,* précisément : l'avènement d'un sujet et, jamais donné mais toujours conquis, l'espace d'une liberté intérieure.

Aujourd'hui, cela me paraît simple.

Mais, pour l'apprendre, j'allais devoir encore beaucoup souffrir.

7

La première fois que j'ai vu Dali, il était à genoux dans sa suite de l'hôtel Meurice et découpait en lettres énormes son propre nom dans un superbe tapis persan. Nous nous rencontrâmes si souvent par la suite que je pourrais écrire un ouvrage entier sur les mises en scène qu'il me réservait chaque fois qu'il m'attendait.

Ce jour-là, nous étions dans sa maison de Cadaqués.

Comme à l'ordinaire, il me demanda si je lui avais apporté un cadeau. Du cadeau, nous passâmes à l'oblativité en général et, bien entendu, au premier cadeau que fait l'enfant à sa mère, ses propres excréments. C'est dire à quel point nous étions déjà dans la merde. Nous étions assis dans le petit patio à ciel ouvert. Gala était à ma droite, Dali à la droite de Gala.

Lors de nos entrevues, je mettais un point d'honneur à ne jamais lui céder de terrain dans la surenchère de l'absurde. La vérité m'oblige à transcrire notre dialogue dans toute la rigueur de sa coprolalie.

– J'ai un ami, dit Dali, un peintre niçois, qui

envisage d'exposer ses propres merdes dans une galerie.
— Bonne idée.
— Il m'a d'ailleurs promis de m'en envoyer un échantillon.
— Fraîche ou sèche ?
— Une de chaque.
— Envisagez-vous d'exposer les vôtres ?
— J'y songe. Le Louvre est digne de la merde de Dali.

Gala commençait à s'agiter. Aucun de nous n'en tint compte et, sans broncher, nous continuâmes sur le même ton impassible à vanter les raffinements de la coprophilie, de la coprophagie et de la chose excrémentielle comme l'absolu d'une éthique. Dali me rappela sobrement qu'il était l'auteur d'un libelle sur les pets diphtongues en annexe à *l'Art de péter* (ou *Manuel de l'artilleur sournois*) par le comte de la Trompette. J'admis l'avoir lu mais lui soulignai l'antériorité du grand *Hippias* où Platon, par la bouche de Socrate engluant le jeune Hippias dans les pièges de la maïeutique, arrive à lui faire dire, au cours de leur dialogue sur le Beau, que la plus belle chose du monde est une merde.

Dali en convint volontiers et ajouta d'un air rêveur :
— Au lieu de bains de boue, je voudrais prendre des bains de merde.
— Imaginez les championnats de plongeon dans une piscine olympique pleine de merde.

C'en était trop.
— Vous êtes dégoûtant, protesta Gala.

Mi-gifle, mi-caresse, elle projeta le dos de sa main

vers mon visage. J'avais vu arriver le coup, je le bloquai par réflexe et, au vol, lui saisis le poignet. Elle le ramena vers ses lèvres et, dans le même mouvement, baisa ma main qui enserrait la sienne.

Le lendemain, j'étais de retour à Paris.

Je racontai à Lacan que, voulant me frapper, Gala, changeant d'avis en cours de geste, m'avait embrassé le bout des doigts. L'histoire de la merde et du baiser le fascina au point qu'il me la fit conter d'un bout à l'autre dans ses moindres détails. Je savais qu'il avait côtoyé le groupe surréaliste et que Dali était son ami. J'avais déjà été frappé par l'analogie du vocabulaire pictural et anal. Lorsqu'il étale ses couleurs sur la toile, le geste même du peintre n'est que la rémanence du geste de l'*infans* se barbouillant sans dégoût de ses excréments.

Le langage technique de la peinture implique une identique similitude avec les selles : on parle de « matière », de « croûte », de « merde », de « fluidité », de couleurs qui « pètent » : métaphoriquement, le peintre, talent ou pas, n'était-il pas celui qui, par le biais de la sacralisation d'un art socialement reconnu, se dédommageait de ce qu'on lui ait jadis interdit de jouer avec sa merde ?

D'autres problèmes d'esthétique m'agitaient. La première fois que j'y fis allusion, le nom de Vinci m'était venu aux lèvres. Lacan hésita un instant, fit la moue et lacha :

– La seule chose dont on soit sûr, c'est qu'il n'était pas peintre.

Il me fallait des jours pour retourner la phrase en tous sens afin d'en extraire ce qui m'en échappait. Dans ce cas précis, je me vis contraint, remettant à plat les automatismes de ma « culture », de replacer Léonard sur le plan où Freud l'avait situé dans *Un souvenir d'enfance,* c'est-à-dire, transférer l'œuvre peint dans la globalité d'une ontogénèse : d'où venait l'énigme de la création, son « pourquoi » ?

« Je ne cherche pas, disait Picasso, je trouve » : l'aphorisme marquait très exactement la frontière séparant « génie » et « talent ». Autant que pour « besoin » et « désir », l'abîme les sépare. Le premier est limité, le second, sans limite.

Car le génie dispose d'un savoir qui s'ignore.

Capteur d'ondes en prise directe sur l'*inspiration* – étymologiquement, ce qui est *insufflé,* mais par qui, par quoi ? – capable par conséquent du meilleur comme du pire selon qu'elle l'assiste ou qu'elle s'absente, il est confronté chaque jour aux aléas de l'accident, c'est-à-dire à ce qui lui *arrive* : il est *parlé par son langage.*

Le talent, au contraire, en est maître.

Ce qu'il vient de créer, il peut le reproduire. L'*accident* est exclu. Dans les limites du savoir ou du savoir-faire de celui qui le détient, peintre, auteur ou musicien, ce sera toujours bien peint, bien écrit, bien composé : toujours *bien.*

Mais limité parce que sans surprise : jamais *mieux.*

Qui s'en préoccupe ?

C'est au degré d'émotion dégagé par une œuvre que se jauge son intensité : fût-elle mal peinte, mal écrite ou mal composée, sa vibration impose le *dialogue* à celui qui s'en pénètre. Je me souviens d'une exposition au Grand Palais où, dans la même salle, s'épiaient des géants, Van Gogh, Gauguin, Lautrec,

Picasso, Renoir. Les géants, c'est connu, sont anthropophages, ils se tuent, s'annulent, se dévorent les uns les autres. Il est rare, par exemple, que des toiles « tiennent » en présence d'un Cézanne. Il était là, lui aussi, sous forme d'une de ses plus magnifiques réussites, *Le Jeune Homme au gilet rouge*. Pourtant, ce ne fut pas lui qui accrocha mon œil, mais, dans un coin, phagocytant les autres grands carnassiers, ses pairs et ses rivaux, une toile de format minuscule qui vous domptait le regard.

Elle représentait, sur vingt-cinq centimètres à peine de hauteur et dix-huit de large, une femme qui cousait à la lueur d'une chandelle. Une véritable surface d'or liquide. Signée Bonnard. Dans le livre oublié d'un auteur qui est – injustement – en passe de l'être, *Mémoires d'une autre vie*, Francis Carco raconte qu'au cours des années vingt, la nuit, il était réveillé par le froid dans sa chambre minable du quai aux Fleurs.

Il allumait alors une bougie. Les murs, du sol au plafond, étaient tapissés de nus somptueux peints par un de ses copains alcoolo, glorieux raté anonyme, Amedeo Modigliani.

Sous la douce chaleur de ces chairs sensuelles, Carco se rendormait.

De l'anecdote, on peut conclure qu'il est impossible, connu ou inconnu, de se tromper sur la nature du chef-d'œuvre : le chef-d'œuvre, c'est ce qui *irradie de l'énergie*.

Lorsque s'allient, dans l'absence totale de limites qui est sa caractéristique, technique, inspiration, virtuosité et profondeur, le miracle s'appelle *L'Homme au casque d'or* – très probablement l'une des plus prodigieuses charges émotionnelles de l'histoire de la peinture.

Mais comment analyser ce qui nous touche – et pourquoi, et en quel lieu de notre sensibilité – dans le *Personnage à une fenêtre* de Dali, dont le moins qu'on puisse dire est que c'est très mal foutu, maladroitement dessiné, *mal peint* ?

En quoi nous remue cette silhouette vue de dos, courtaude, épaisse ?

Là se tient, sinon sa clé, l'énigme elle-même de la création.

Sa puissance de communication ne se situe pas au niveau d'un savoir-faire, pas davantage à celui de la représentation du sujet ou du sujet de la représentation – c'est pourquoi, injustice suprême, insolence du don, peu de choses valent la peine d'être sues qu'on croit vouées à être apprises.

Pour décrire le flux puissant de cet échange, j'utilisais le mot « vibrations ». Obstinément, Lacan, secouant la tête en signe de négation, me rétorquait avec douceur et fermeté qu'il n'y a pas de métalangage : la peinture elle-même, qui semble pourtant ne pas se payer de mots, n'est, sitôt qu'un sujet parlant s'avise de la commenter ou de décrire l'état de sensation qu'elle provoque, qu'un effet de langage.

Celui qui peint s'exprime. L'expression de cette expression passe nécessairement et d'abord par le verbe – j'aime, je hais, je veux mourir, je veux tuer, c'est beau, je la désire, je veux détruire – mais est codée en couleurs, volumes, lignes, formes : message envoyé.

Au bout de la chaîne, le destinataire spectateur fait l'opération inverse, il décode. Pour retomber dans le

ANECDOTIQUE

sens comme on retombe sur ses pieds, il traduit avec ses mots à lui ce qui, au départ, n'était que les mots de l'autre devenus couleurs, volumes, etc. : message reçu.

Une idée que je mis très longtemps à avaler.

Je résistais. Je m'entêtais. Lacan me contrait avec une logique implacable. Fatalité du sujet parlant : tout ramenait à l'homme et tout homme ramenait à la parole sans quoi n'existeraient ni l'imaginaire ni le symbolique, ni le réel qui ne se déduit que d'elle. Ile déserte. Homme ? Fumée : pas de fumée sans feu. Feu, homme. Homme, langage.

Quelques années auparavant, j'avais composé un album de dessins humoristiques inédit dont le thème central, accommodé à une multitude de sauces, était le phallus. Je n'en possédais qu'un seul exemplaire original. Je le lui montrai.

Pendant qu'il le détaillait, je guettais la récompense de mon travail qui s'affichait sur son visage en un sourire permanent. Après m'en avoir fait de vifs compliments, il me pria de les lui laisser quelques jours.

Trois semaines plus tard, voyant qu'il n'en faisait plus mention, je voulus les récupérer. Il me renouvela à quel point il les appréciait et me demanda, avec des airs gourmands en une phrase entortillée, si par hasard – il y serait très sensible – je n'accepterais pas de les lui offrir. Je lui aurais volontiers donné mon sang. Pas mes dessins. Ils m'avaient demandé trop de travail, j'en étais trop avare. Je refusai. Il pria Gloria de lui en exécuter des photocopies.

Ce fut la seule fois où je lui dis non.

Aucun rapport avec ce qui précède, un soir, il me

flanqua la frousse. Nous étions un vendredi. J'étais le dernier de ses patients. Il allait donc fermer boutique.
— A lundi, lui dis-je.
Au moment où j'ouvrais la porte après lui avoir serré la main, il me retint un instant.
— Je vais vous laisser le téléphone où vous pourrez me joindre pendant le week-end en cas de besoin.
Tant de sollicitude m'alerta.
— En cas de besoin? balbutiai-je.
— Oui. Si vous avez besoin de me parler.
Il avait déjà écrit un numéro qu'il me glissa dans la main.
Je me retrouvai dans la rue. Pour une raison que j'ai oubliée, je n'avais pas pris ma voiture. Je n'avais pas d'imperméable non plus. Il pleuvait. Sans m'en soucier, je tournai à droite et remontai la rue des Saints-Pères. Des amis m'attendaient pour dîner. Ils habitaient dans le quatorzième, avenue du Président-René-Coty. Arrivé boulevard Saint-Germain, mes vêtements étaient à tordre. La tête ailleurs, je pataugeais dans les flaques, ruminant avec angoisse son « en cas de besoin ».
Il savait, lui : j'allais craquer.
N'eussé-je été menacé, pourquoi m'aurait-il compté dans la catégorie de ses urgences? Bien que me sentant aussi mal qu'à l'ordinaire — mais ni plus ni moins — j'en déduisis qu'à l'une de mes paroles, à moins que ce ne fût à quelque signe secret livré par mon visage à sa sagacité, il avait dû déceler l'imminence de mon effondrement.
Les séances précédentes avaient été très dures.
J'étais démuni d'argent et ajoutée à mon désarroi,

ANECDOTIQUE

l'étendue de ma dette me privait de toute ressource inventive pour m'en procurer. A la hauteur du Lutétia, je quittai la rue de Sèvres pour m'engager sur la gauche, boulevard Raspail. En y repensant, je m'aperçois que je ne cherchai même pas à arrêter un taxi – peut-être n'avais-je pas de quoi le payer ?

Je me surpris en train de détourner vivement les yeux d'une vitrine qui m'avait renvoyé mon reflet.

Pour ce qui va suivre, ce réflexe a son importance : en préambule, il me force à préciser que pas davantage qu'être vu, je n'ai jamais aimé me regarder.

Malheureusement, j'étais un peu trop visible pour mon goût. D'où, le malentendu permanent entre l'*image* que je projetais et mon refus obstiné de ces *signes extérieurs* auxquels je ne pouvais m'identifier, précisément parce qu'on me les attribuait comme un *avantage*.

Quel avantage ?

Intérieurement, je vivais trop mal avec moi-même pour endurer plus longtemps cette fracture entre ce que j'étais et ce que j'avais l'air d'être : puisque je ne me reconnaissais pas dans le regard de l'Autre et que, par ailleurs, je n'existais pas pour mon propre regard, *où*, et *comment*, pouvais-je bien me voir ?

La violence de mes réactions à l'égard de tout compliment relatif à *l'apparence* me mit la puce à l'oreille : pourquoi cette montée de rage froide ? En quoi étais-je touché ? Où se cachait l'insulte ?

Il me fallut des années pour qu'un hasard m'en dévoile les prémices.

Tirant d'un tiroir une coupure de presse défraîchie, ma mère, un jour, voulut me faire admirer une *image* dont la vision me révulsa. Mon nom y apparaissait, suivi du commentaire « jeune petit prodige ». Elle *représentait* un épouvantable bambin en costume marin qui se dandinait sur une scène avec suffisance : *moi*.

Je devais avoir cinq ans. Il paraît que je chantais, en tout cas, c'était écrit noir sur blanc.

« Tu sais bien... » me dit-elle.

Frémissant d'horreur, je l'entendis fredonner l'air qu'elle souhaitait me remettre en mémoire :

« *Papa n'a pas voulu
Et maman non plus
Mon idée leur a déplu
Tant pis n'en parlons plus.* »

Prenant mon silence consterné pour quelque méprise de ma part, elle attaqua ce qui devait être le second grand morceau de mon répertoire :

« *Vous permettez que j'déballe mes outils
Oui mais fait' vit' qu'on lui a dit...* »

Rien ne me fut épargné : elle poussa même les premières notes du *Chapeau de Zozo* :

« *Avez-vous vu, le nouveau chapeau de Zozo
C'est un chapeau
Un chapeau rigolo...* »

Une nuit, en croisière au large des îles grecques, j'avais vu des membres de l'équipage jeter nos ordures à la mer en grommelant pour se donner du cœur à l'ouvrage : « *Catharsis... Catharsis...* »

Cette fois, j'y étais : comme le contenu d'une poubelle, je reçus en plein visage le choc fade de mes triomphes passés.

Tout ce qu'un cabot professionnel pouvait ressentir, être le centre des regards, de l'attention et des projecteurs, faire rire ou frémir une salle pour qu'on l'applaudisse, lui, l'acteur, je devais, malgré ma répulsion à le concevoir, admettre l'avoir vécu moi-même à l'âge tendre où tout se grave comme en une cire molle : pourquoi avais-je oublié ce qui aurait dû me marquer ? Comment ce roitelet pathétique à pompon de marin avait-il été décoiffé de sa couronne de carton, par qui jeté bas de son trône ? Quelle blessure narcissique avait pu occulter ces souvenirs d'épices fortes au point de les rendre *forclos* ?

Poser la question, c'était y répondre : *un accident*.

Peut-être mon arrogance et le sentiment de toute puissance provoqués par cet irrésistible alcool pour la psyché d'un enfant de cinq ans – être sur le même pied que les adultes, rivaliser avec eux – m'avaient-ils poussé à une *imprudence* susceptible de me faire virer des coulisses ou du cercle enchanté de la scène, quand le rideau n'est pas encore levé et que se préparent à y apparaître ceux qui vont mourir de plaisir ou de peur. Je ne sais. Lorsque tout ce qui s'articule autour d'un rejet se dévoile soudain, peu importe l'identification du *nucleus* qui en a provoqué les symptômes.

Mais au moment où je marchais sous la pluie en direction de Denfert-Rochereau, je l'ignorais encore. Le conflit d'identification imaginaire avec mon *image* durait toujours.

Il était huit heures du soir. Peu avant de croiser le boulevard Montparnasse, là, sur la droite, mon attention fut attirée par un rideau clos sur une espèce de niche d'où sourdaient, à hauteur de mes pieds, des lueurs de néon.

Je l'écartai et me retrouvai face à un tabouret noir vissé devant une caméra de Photomaton. Je compris que le moment ou jamais était enfin venu de *me regarder*. Il pleuvait de plus en plus. Hormis quelques voitures qui soulevaient des gerbes d'eau, l'avenue était déserte. Aucun passant. Je pénétrai dans la cabine, tirai le rideau derrière moi, m'installai sur le tabouret et rassemblai ce qui me restait de courage pour m'imposer la terrible épreuve d'offrir à l'appareil mon visage de noyé.

Tel quel.

Tel que j'allais devoir l'affronter, pour la première fois peut-être, moi, de mes yeux, et non perçu par l'œil de l'Autre.

Quelques secondes plus tard, la machine livrait ses clichés.

Je me forçai à les regarder bien en face.

Ainsi donc, cet homme jeune, inconnu, au visage pâle ruisselant de pluie, aux mèches noires collées sur le front et au regard dont on sentait la probable dérobade, c'était moi.

Exact, c'était moi.

Et merde!

8

On ne choisit pas grand-chose.
Ni l'instant de naître, ni le nom qu'on porte, ni la couleur de ses yeux, ni ceux qui, plus tard, nous blesseront parce que nous les aurons aimés. Issus d'un désir qui nous restera à jamais étranger, marqués au fer par le langage et la place qui, avant même que nous fussions conçus, nous avait été dévolue comme nôtre par d'autres, un bandeau sur les yeux, nous crions liberté et mourons en aveugle.
Pas le Gros : il s'y refusait.
Faite de regret et de défi, une phrase lui revenait souvent à la bouche : « On m'a volé ma naissance, on ne me volera pas ma mort. »
— Accouche..., ironisais-je.
— Je veux vivre ma mort.
Je dirai plus loin comment il s'arrangea pour que fût exaucé son vœu.
Au fil des jours, par fragments discontinus, j'en apprenais davantage sur sa vie. Curieux amalgame d'impossibles, il était pétri de rancune, d'idéalisme,

de pragmatisme et d'espoir. Il ne pouvait devenir réaliste que lorsqu'il sortait du réel. Quoique fidèle, loyal, généreux, il cessait soudain de s'intéresser à vous, était capable d'agir dans votre dos, se plaignait amèrement du traitement que lui avaient infligé les instituteurs de son enfance, rêvait de partir sur une île avec une cantine bourrée de livres, ergotait sur le prix d'une bouteille de vin, se portait à votre secours s'il vous sentait menacé, s'enthousiasmait en de brusques fulgurances pour une inconnue croisée la veille dans un train, se méfiait de tout le monde, vitupérait son père de ne lui avoir accordé aucun appui moral ou financier et déplorait que personne, au cours de sa vie, ne l'eût « jamais aidé ».

Son père était boucher.

Lorsque le Gros avait atteint sa quatorzième année, il avait voulu lui faire abandonner ses études pour qu'à ses côtés il s'initie à l'anatomie du bœuf, à la nature de la macreuse et aux subtilités de l'étal. Malgré lui, mais surtout contre lui, le Gros avait fait sa médecine, passé deux années en service psychiatrique et opté pour l'analyse.

Je lui devais d'avoir connu Lacan.

Pour qu'il n'imagine pas que j'en fasse mystère, il m'arrivait de lui parler de mes séances avec la même liberté que s'il se fût agi de boxe. Les premiers mois, ou il détournait la conversation, ou il m'opposait un silence neutre.

Mais peu à peu, sa curiosité l'emporta.

Il écoutait.

Dans un troisième temps, sortant de sa réserve, il me relança, se passionna, commenta. J'en arrivai bientôt à lui raconter – et au hasard de nos rencontres, parfois même avant de m'en ouvrir à Lacan – aussi bien mes rêves et leur interprétation que la révélation des détails qu'ils faisaient naître. Il était fatal qu'advînt cette situation trouble où, sujet inconscient d'un double transfert simultané, au lieu d'un seul, je me retrouvai doté de deux analystes : dans le tissu du discours, il y avait *perte*.

Pendant longtemps, Lacan s'abstint de faire la moindre remarque quand je lui rapportai avec une sincérité désarmante les appréciations du Gros sur son propre travail.

Jusqu'au jour où il se vit contraint d'intervenir.

A sa façon, sans m'interdire formellement quoi que ce soit, mais en me suggérant que « ce serait mieux si... ».

Pour la bonne raison que rien ne s'y cèle, le divan est la meilleure des chambres d'écho – en ce qui me concerne, *divan* est à prendre comme métaphore car au cours de mon analyse, les séances s'étant toujours déroulées en *face à face*, je ne m'y allongeai jamais.

Un après-midi, j'avais vu pénétrer dans le salon d'attente une fille dont l'allure détonnait tellement dans ce cadre que je l'avais crue jaillie d'une planète autre – démarcheuse, vendeuse, coiffeuse ? – ayant confondu le cabinet de Lacan avec une boutique de chiffons. D'une beauté exagérée de poupée parfaite, vêtue avec recherche et plus fardée qu'une putain, elle irradiait une aura de magnétisme sexuel qu'accentuait, en un lieu où les yeux se fuyaient, l'extrême liberté de son regard. Il se promenait hardiment sur ces visages abîmés dans leur réflexion et sur ces yeux baissés qui ne la voyaient pas. Elle me sourit. Je l'attendis dans la rue. Le soir, je l'emmenai écouter de la musique. A ma surprise, elle n'était pas dans les cosmétiques, préparait à la Sorbonne une agrégation et venait de commencer une analyse. Avec Lacan, justement. D'un revers de main impatient, elle chassa les questions qui naissaient sur mes lèvres pour me faire partager l'indignation qui la faisait bouillir : quelques heures plus tôt, des prostituées de la rue Saint-Denis, dédaignant l'argent qu'elle leur offrait, avaient refusé les unes après les autres de *monter* avec elle ! Pour être sûr d'avoir bien entendu, je lui fis répéter : elle répéta. Je lui affirmai avec gravité qu'au temps des maisons closes aucune des pensionnaires ne se serait risquée à lui faire subir un tel affront.

La fausse spontanéité de mon renfort moral créa entre nous une immédiate connivence.

J'ai oublié son nom, pas son parfum.

Quelque temps plus tard, le plus naturellement du monde, je racontai à Lacan l'histoire de cette unique nuit.

Au moment où j'allais le quitter, il me retint un instant et marmonna dans un soupir :

– Écoutez, vous n'êtes pas là pour...

« Draguer » ne faisait pas partie de son vocabulaire.

Je n'ai plus en mémoire l'équivalence qu'il utilisa.

Peut-être resta-t-il évasif comme parfois, laissant le soin à ses auditeurs de finir ses phrases ?

Après que le dernier patient eut quitté les lieux, il m'arriva par la suite de croiser fréquemment rue de Lille l'héroïne frustrée de la rue Saint-Denis : elle venait chercher Lacan. Sa vie privée, on s'en doute, était pour moi un tabou absolu. Eût-on désiré me la révéler, j'aurais refusé de l'entendre. J'avais lu par hasard dans ce genre d'hebdomadaire – dont Jeanson disait qu'on les « parcourait d'un derrière distrait » – un entrefilet pesant son poids de bassesse fielleuse : Lacan, conduisant en état d'ivresse, avait accroché au volant de sa voiture cinq véhicules en stationnement.

C'était si bouffon qu'en sa présence je ne pus m'empêcher d'en rire.

– Ils sont vraiment débiles, lui dis-je. En tant que journaliste, supposez que je veuille vous démolir. Savez-vous comment je m'y prendrais ?

Sourcils levés, il se figea.

J'entrepris alors de lui énumérer un échantillonnage de parricides parfaits. J'en étais à peine à la fin du premier qu'il explosa :

– Alors, vous aussi, vous êtes contre moi ?

J'entends déjà le verdict du finaud de service : parano.

J'y réponds : blessure.

Pas d'amour-propre. D'amour tout court. Il donnait tout.

Il voulait prendre. Pourquoi n'y aurait-il pas eu effet de retour ? Et si ce fameux *désir de l'analyste*, Lacan y compris, n'était – outre celui, par le biais de sa fonction, d'être sûr qu'il n'est pas fou – celui d'être aimé ?

Comment, dans ces conditions, ne pas l'aimer lui-même ?

Il sortait du champ clos. Il montrait ses déchirures.

Sous l'emprise d'une violence intérieure, il *s'exposait*.

A mon tour, j'aurais voulu le protéger.
Physiquement.

A ses côtés, je sentais poindre en moi le syndrome du garde du corps : Essayez donc de lever la main sur lui... Je le sentais fragile. Je le déposais devant un restaurant. J'avais pour lui les yeux d'une mère : et s'il tombait, si une voiture le renversait, si on le bousculait ? Le sentir si peu doué pour la rue me le rendait encore plus précieux.

Une autre fois, on l'avait attiré à Vincennes dans un guet-apens. Les étudiants l'avaient pratiquement viré de sa chaire.

Le lendemain, je lui en fis un bref commentaire :
– C'était fatal, vous le saviez. Pourquoi y être allé ?

Il leva les yeux au ciel d'un air excédé.

Lors de nos toutes premières rencontres, il arrivait que la rédaction de quelques articles, en Allemagne ou ailleurs, me fournît une brève bouffée d'oxygène. Un soir, à court d'argent autant que d'idées, je proposai à un mensuel français une interview exclusive de Claude Lévi-Strauss : acceptée. Il ne me restait plus qu'à la réaliser. J'en compris alors toute la difficulté.

Le titre du magazine d'abord. Pire, son contenu. Comment faire avaler à l'auteur des *Structures élémentaires de la parenté* que ses propos s'étaleraient sur papier glacé dans une profusion de seins, de pilosités féminines et d'un délire de cuisses ouvertes ? Jusqu'alors, je n'avais lu de lui que *Tristes Tropiques*. J'avais été ébloui par sa rigueur, son invention, l'aisance, la sécheresse et la précision de son style. Mais il s'agissait bien de son œuvre... Outre la caution de son nom à ce foisonnement de culs offerts, mes employeurs n'attendaient de moi que les détails de son ordinaire : Avait-il des enfants, combien d'argent gagnait-il, que prenait-il au petit déjeuner, quel était son plus vivace souvenir érotique, etc.

Les rappels à l'ordre de Lacan m'accablaient, ma pige me permettrait de régler vingt séances et, quoique le goût rouillé du remords et de la trahison me montât déjà aux lèvres, je n'avais pas le choix, je *devais* exécuter ce travail. Je ne sais quelle rumeur m'avait informé que Lacan et Lévi-Strauss étaient très liés. Après tout, n'étant mû que par le désir de le payer, pourquoi ne pas le faire intervenir pour qu'il m'obtienne un rendez-vous ? Je ne l'avais jamais vu faire la sourde oreille à une demande d'aide *extérieure*. Il accepta : un simple coup de téléphone, l'affaire fut bouclée.

Je crois me souvenir que Lévi-Strauss habitait rue des Marronniers, juste en face d'une maison de rendez-vous célèbre. Il me reçut avec une courtoisie parfaite. Ne pouvant lui faire préciser d'emblée l'éventualité de ses fantasmes sexuels, je dus, pendant un bon quart d'heure, m'employer à noyer le poisson. Ses voyages, son *cursus* universitaire, ses projets.

Aidé par ma longue pratique des gens en place, j'excellais dans ce genre d'exercice d'écoute et de relance. Jusque-là, tout allait bien. Il eut l'air simplement un peu étonné lorsque, incidemment, j'effleurai le sujet de sa propre famille. Sans répondre à ma question, il enchaîna sur les Indiens de la Serra Bodoquena. Fasciné par la limpidité de sa mécanique intellectuelle, son humour glacé, ses synthèses foudroyantes, j'aurais pu rester sous l'enchantement pendant des heures.

Malheureusement – et je le déplorais – je n'étais

pas venu pour que me soient révélées, malgré les distances géographiques, les similitudes des formes d'organisation sociale entre les Mbaya, les Bororos du Mato Grosso ou les Guana du Paraguay, mais si lui, Lévi-Strauss, préférait les œufs au plat ou à la coque, la couleur de ses draps, le nom de son tailleur.

Par ailleurs, j'étais persuadé – allez savoir pourquoi – qu'il était *aussi* analyste. Je tentai donc une diversion de ce côté-là.

Il ouvrit des yeux ronds et m'assena sèchement :
– Si j'étais analyste, je gagnerais beaucoup plus d'argent.

Je compris immédiatement à quel jardin était destinée la pierre et crus percevoir sur son visage – mais ce « crus » n'est qu'un euphémisme – l'ombre d'une amertume : Lacan affichait une admiration sans réticence pour Lévi-Strauss, Lévi-Strauss ne pouvait cacher son agacement envers Lacan.

Je sentis soudain un changement subtil d'atmosphère, une espèce de *réserve* à mon égard. Du moment que je lui avais été personnellement recommandé par Lacan, il était impossible à ses yeux que je fusse l'étranger (à son *savoir*) qu'il commençait à pressentir. Il en eut pourtant la confirmation quelques instants plus tard lorsque, changeant de sujet, il s'attaqua à un problème de linguistique synchronique. Je connaissais les mots mais n'avais qu'une idée très floue de ce qu'ils recouvraient.

Pour compenser cette lacune, alors que je n'avais qu'à le laisser parler, je lui posai une question qui lui révéla instantanément le désastre de mon ignorance.

Cette fois, c'était foutu. Il me toisa avec froideur :
– Écoutez, me dit-il, pour qu'il y ait dialogue,

encore faut-il un minimum de connaissances en commun.
J'en étais aussi convaincu que lui.
— C'est un malentendu, répondis-je d'une voix calme. J'étais venu pour que vous me parliez de vous, des gens que vous aimez, de la personne que vous êtes.
— En effet, dit-il, c'est un malententu.
Indépendamment du niveau des questions que j'eusse dû lui poser, existait-il toujours, derrière l'austère façade du chercheur magistral, un être humain jadis prénommé Claude, ou avait-il été englouti dans l'implacable élaboration du monument Lévi-Strauss ?
Nous nous levâmes comme un seul homme.
— Je vous prie de m'excuser. Je vous remercie de m'avoir reçu. Au revoir, monsieur.
— Au revoir, monsieur.
Le lendemain, sans y changer un mot, je fis part à Lacan de ma lamentable prestation. Au passage, appréciant sans doute mieux que quiconque la pointe de dépit qu'elle révélait, il encaissa sans broncher la flèche de Lévi-Strauss à l'égard de sa fortune. La mienne était depuis si longtemps dans le rouge que sous la pression de mes créanciers, j'en arrivai à admettre l'évidence à laquelle j'avais longtemps résisté au nom d'une fumeuse éthique de la création : il n'y a pas un minimum de liberté sans un minimum d'indépendance financière.
Vérité que m'avait occultée, du temps que je peignais, un entêtement ombrageux sur la misère considérée comme unique ferment de la genèse des chefs-d'œuvre. Pour avoir lu toute leur correspondance, je

savais pourtant que chez la plupart des génies, elle se résumait à un cri de trois mots : « Envoyez de l'argent. »

Michel-Ange à Jules II : « J'ai soixante-dix ans, je suis perché à soixante mètres de hauteur, de la poussière plein les yeux, le marbre n'est toujours pas arrivé, envoyez de l'argent. » Vincent à Théo : « Je n'ai plus de quoi m'acheter un tube de blanc, je ne me nourris que trois fois par semaine, je t'en prie, envoie-moi de l'argent. » Gauguin à Schuffenecker : « Ma jambe pourrit, je n'ai plus un sou pour me procurer des couleurs, envoie-moi de l'argent. » Modigliani à Zborowsky, même désolante détresse : « De l'argent ! » A lui seul, le mot me donnait des sueurs froides : il allait m'en falloir énormément pour sortir du tunnel.

Où le prendre ?

La réponse me tomba du ciel. Deux livres venaient de paraître, *Papillon* et *Le Parrain*, dont le fabuleux tirage mondial faisait grand bruit. En France, le mot était nouveau ou presque, deux « best-sellers » : comment n'y avais-je pas pensé plus tôt ? Exactement ce qu'il me fallait pour me sortir d'affaire.

Ingénument, je décidai sur-le-champ d'écrire le troisième.

Pourquoi pas moi ?

Ne jamais repousser le délire, il fait partie intégrante de la création. Il est moteur. Pour peu qu'on n'en soit pas dupe et qu'on le contrôle, il prendra le relais, les jours creux de grand vide, de la volonté qui défaille, du courage qui s'étiole, du doute qui paralyse. Ayant lu *Papillon*, j'avais été *émerveillé* par les roulis de la critique au gré de ses chiffres de vente.

Remontant jusqu'à Grégoire de Tours pour justifier la dithyrambe, ses thuriféraires – Mauriac y compris – avaient salué son avènement comme un « chef-d'œuvre de littérature orale ». Deux cent mille exemplaires... Cinq cent... Huit cent... Un million... Au fur et à mesure que grimpaient les tirages, l'enthousiasme originel des tresseurs de couronnes s'inversait en son contraire pour se muer en entreprise de démolition : ce n'était pas si bien que ça, ils avaient mal lu, ils s'étaient trompés, « on » les avait induits en erreur...

Derrière cet acharnement à détruire, je devinai, à la violence du refoulement qui l'avait fait naître, non seulement ce que tout succès comportait de *scandale*, mais aussi, à propos de l'œuvre, sitôt qu'elle est plébiscitée par la masse, la part de narcissisme entrant dans le désir de s'en démarquer en niant le bonheur singulier qu'on avait tiré d'elle.

C'était écrit sur la jaquette, *Papillon* et *Le Parrain* avaient été édités chez Robert Laffont. Inutile de chercher plus loin, avant même d'avoir écrit une seule ligne – sur quelle histoire ? – j'avais déjà trouvé mon éditeur. Je lui demandai un rendez-vous, débarquai chez lui et lui débitai ce qu'il entend dix fois par jour depuis près d'un demi-siècle.

– J'ai une idée de livre.

Je lui tendis trois feuillets qui résumaient mon projet.

Après les avoir parcourus avec attention, il leva la tête et me dévisagea pensivement.

– Je vous connais comme journaliste.

Je l'aimais déjà pour la suspension de cette phrase. Je savais très bien ce qui allait fatalement suivre, mais j'appréciais qu'il eût du mal à me le dire. Il s'y décida enfin :

— Ce roman, qu'est-ce qui me prouve que vous êtes capable de l'écrire ?

J'aimais aussi la lumière de ce bureau — j'avais dû déjà y venir dans une autre vie — une lumière d'atelier dans des camaïeux de gris, de bleu, de blanc, les reliures de couleurs vives grimpant dans son dos à l'assaut du mur et, par les fenêtres donnant sur le calme d'une cour, d'autres camaïeux gris, bleu, blanc, ceux du ciel de la ville où couraient les nuages.

Instant bascule...

— Rien, dis-je.

Pourquoi bluffer ?

— Il m'est difficile de m'engager sur si peu...

Je le comprenais parfaitement, mais que dire de plus ?

— J'ai envie d'essayer. Je crois que je peux y arriver.

Il s'agita légèrement.

— Pourriez-vous me faire lire quelque chose ?

— Non. Si je démarre, c'est que j'aurai eu votre accord.

Il changea brusquement de sujet.

— Que souhaiteriez-vous pour vous y mettre ?

Je traînais quelques très anciennes dettes de jeu, j'avais à payer ce que tout le monde paie pour survivre mais, surtout, véritable élément obsessionnel, Lacan. Je fis un rapide calcul mental, doublai la mise pour me réserver un éventuel espace de négociation et lançai un chiffre.

— Il me faudrait une vingtaine de pages, enchaîna Laffont comme s'il n'avait rien entendu. Et, évidemment, un plan.

ANECDOTIQUE

— Je suis incapable de faire un plan.
— Ah, non, se révolta-t-il. J'ai besoin de savoir où vous allez!
— Je n'en sais rien moi-même.

Plus tard, lorsque j'eus appris à le connaître, je sus qu'il se masquait, chaque fois que ses désirs ou sa sensibilité menaçaient de lui jouer des tours, sous de feints emportements.

Nous nous quittâmes sur un compromis : d'accord, je lui rédigerais ses vingt pages. Pour le plan, on verrait...

Le soir même, je me mis au travail. Habitué aux distances courtes de la presse écrite, je n'avais aucune idée du rythme respiratoire imposé par le marathon. Au bout de plusieurs jours d'efforts, de tâtonnements, de ratures et de ratages, je finis par trouver un vague souffle. Et une nuit, je m'aperçus que j'étais arrivé au bas de la page vingt. Curieusement, la dernière ligne qui l'achevait coupait en plein milieu non seulement la phrase en cours, mais le mot lui-même qui en formait l'ultime signe. Il avait exigé vingt pages, elles étaient là, je n'y ajouterais pas une virgule. Le lendemain, je les déposai place Saint-Sulpice avec deux semaines de retard sur la date prévue.

Huit jours plus tard, je dus m'absenter de Paris. Lorsque j'y retournai, un mois s'était écoulé depuis notre première rencontre. Outre les ordinaires factures et sommations d'huissier, je trouvai deux lettres dont les expéditeurs me réclamaient d'urgence : Laffont, Lacan. Il m'était impossible d'affronter le second sans avoir rencontré le premier.

— Alors? me lança-t-il avec impatience.
— Alors quoi?

– Et après ? Qu'est-ce qui se passe après ?
Je compris qu'il faisait allusion à mon texte.
– Comment voulez-vous que je le sache ? Je ne l'ai pas encore écrit.

Explosion de colère... il ne pouvait pas travailler de cette façon..., mes méthodes ne lui convenaient pas... et le plan, où est le plan ?... à ce rythme-là, il me faudrait dix ans pour écrire les mille pages promises... J'en passe.

Je me retrouvai debout devant la porte. Il me l'ouvrit toute grande et m'adressa cette phrase définitive :

– J'accepte vos conditions. Venez signer le contrat demain.

Que ressent-on lorsqu'un désir violent se réalise ?
Même aujourd'hui, j'ai du mal à le dire. Parce que c'est trop absurde : j'étais sonné. Pire, au bord du désespoir.

Je marchais dans la rue, la tête martelée par une idée accablante : ainsi, ce livre, j'allais *réellement* devoir l'écrire.

Quand ? Comment ? Où ?... Pendant combien de temps ?

En étais-je même capable ?

Piégé !

J'arrivai chez moi totalement déprimé.
Une nouvelle lettre m'attendait.
La brièveté de son énoncé me gifla comme une menace supplémentaire : « *Je vous attends. Patiemment.* » Datée, selon son habitude en chiffres romains, signée Jacques Lacan.

Me l'eût-on expliqué comme à un débile mental, je n'aurais toujours pas compris, à cet instant précis, que cette souffrance heureuse – *écrire* – allait, par le biais de l'argent désormais garanti, me libérér de ma hantise quotidienne, le payer.

Question : Pourquoi, sur le coup, feignais-je de l'ignorer ?

Car je sais aujourd'hui que je le savais alors.

Mais j'étais incapable de le poser en ces termes.

C'est pour cela que j'étais en analyse : je n'osais pas nommer mon désir.

V

Dialectique

9

Quoique l'espace soit fait de temps, le temps nous coupe de l'espace.

Tel événement qui prit lieu à cinq cents mètres, si l'instant où il s'est produit s'est éloigné dans nos souvenirs à mille années lumière, la mémoire le rejette à des distances qui se chiffrent en infini. En durée, cent mètres peuvent signifier vingt ans. Ainsi, quoique j'écrive ces lignes à Paris, si près de l'endroit dont je parle, je ne suis plus retourné rue de Lille.

Cinq minutes suffiraient pour m'y rendre en taxi, mais quel taxi pourrait donc parcourir en cinq minutes le morceau d'éternité qui m'en sépare ?

Juste en face de chez Lacan, il y avait deux boutiques.

Sont-elles encore là ? Je ne passais jamais devant sans y jeter un regard. L'une d'elles, tenue par deux architectes d'intérieur, proposait en modèles réduits de fascinantes maquettes d'appartement. Grandeur nature, où étaient-ils ? Dans quel quartier ? Qui en étaient les propriétaires comblés ?

On se serait voulu libellule pour pouvoir y vivre. La seconde exposait des antiquités hétéroclites, poupées du XVIIIe, photos jaunies de Greta Garbo, crédences médiévales, services à cristaux dépareillés, dentelles, pipes de nacre, meubles rocaille, portraits brunis par le temps de petits maîtres oubliés.

Y trônait discrètement une ravissante jeune femme blonde dont la beauté, dans l'ombre du magasin, prenait lentement la patine de ses dressoirs.

A force de me voir passer sous la porte cochère d'en face, et, de mon côté, à force de la voir me regarder y pénétrer, nous avions fini par nous saluer et nous sourire. Parfois, j'entrais chez elle pour lui souligner l'horreur des vieilles pendules dorées qu'elle vendait. Elle éclatait de rire, me parlait de ses clients, des divergences de goût des collectionneurs, des villages perdus où elle dénichait ses abominables reliques hors de prix.

Bien entendu, elle avait deviné tout de suite ce que j'allais faire au 5, rue de Lille, et qui j'y rencontrais. Quoiqu'elle ne lui eût jamais adressé la parole, Lacan, qu'elle voyait aller et venir tous les jours, lui semblait faire désormais partie de sa famille.

Un après-midi, je lui trouvai la mine soucieuse.

Elle m'expliqua qu'on venait de lui dérober un objet de valeur, une canne d'ébène noire au pommeau d'argent ciselé.

– Qui a fait le coup?
– Un type qui va chez Lacan plusieurs fois par semaine.
– Vous en êtes sûre?
– Certaine. Je l'ai vu.

Elle me le décrivit. Je le reconnus aussitôt.

Vêtu comme un muscadin d'une grande cape noire, chemise blanche et lavallière, jeune, brun, barbu, quelque chose de raide dans le maintien,

DIALECTIQUE

n'eût-ce été l'accoutrement de cirque qui le préservait de passer inaperçu, il n'avait l'air ni plus ni moins cinglé que d'autres spécimens hantant le quadrilatère rue du Bac, rue de Lille, rue des Saints-Pères, rue de Verneuil.

— La canne vaut très cher. Je suis très embarrassée. Pourriez-vous m'aider et en parler à Lacan ?

— Franchement, je préférerais que ce soit vous.

Elle eut une moue dubitative.

— Écoutez, lui dis-je, je vais voir ce que je peux faire. Si le climat s'y prête...

On était en mai ou en juin. Il se trouve que, ce soir-là, dernier de ses patients, je descendis en bavardant avec lui. J'étais d'humeur badine. Nous franchîmes le porche séparant la cour intérieure de la rue.

— Au fait, lui dis-je d'une voix légère et goguenarde, j'ai un message à vous transmettre. Vous voyez la boutique en face, un de vos patients y a dérobé un objet. La propriétaire n'ose pas vous en parler.

— Quel patient ?

L'air était doux. Nous étions tous deux plantés sur le trottoir.

— Le muscadin à la cape noire.
— Quel objet ?
— Une canne.

Et, de peur qu'il ne m'ait pas bien suivi, j'ajoutai :
— On a volé la canne.

En prenant soin d'éluder à demi la voyelle finale de façon à ce que ma phrase sonne ainsi : *On a volé Lacan.*

Il leva les yeux au ciel et haussa les épaules.

Néanmoins, il marmonna :
– Quand ?
– Aujourd'hui même. Elle voulait que je vous en parle avant de prévenir les flics. Par égard pour vous.

J'ai oublié comment se déroula la suite, mais je sais que la canne regagna le magasin et que l'incident fut clos.

Cet exercice de découpe de la chaîne symbolique corroborait à mes yeux la théorie lacanienne sur la primauté du signifiant. On se souvient de la divergence qui l'avait opposé à Laplanche affirmant que « l'inconscient est la condition du langage ». A quoi, obstinément, Lacan répliquait : « Le langage est la condition de l'inconscient. » Ce qui me paraissait aussi évident que si j'avais eu à contredire un interlocuteur me soutenant que sa veste avait précédé le mouton dont on avait tondu la laine pour en confectionner le fil qui la tissait : tel est le point d'achoppement où théorie et pratique se recoupent dans ce que le réel implique de récurrence incontournable.

« Il n'y a de maître que le signifiant », avait affirmé Lacan lors du séminaire sur *La Lettre volée*.

En d'autres termes, dès lors qu'elle l'investit, la *lettre* est maître de l'être, en quoi s'abolit à son tour l'être devenu *lettre*.

Car cette lettre, ouverte à tous, ne peut pourtant être lue que par un seul – l'Être de cette Lettre : de circuler à l'intérieur du défilé où l'imprévisible jeu des signifiants va en changer les sens et faire chatoyer l'infini de leurs significations selon qu'ils s'unissent à ce qui les suit, à ce qui les précède, à ce qui les recoupe, à ce qui les découpe ou, dans un assemblage inédit aux combinaisons inépuisables, à ce qui les rattache ou les détache de l'histoire singulière, *unique*, du sujet qui les habite.

Je m'éveille un matin.

Toute faite, une phrase rêvée s'impose à ma mémoire : « Anthony Quinn s'est penché par la fenêtre. »

Sans chercher à décoder, une première interprétation me vient à l'esprit. A propos de « Anthony Quinn », d'instinct, je lis « An Two, ni Quinn ».

« An Two » (« an » en français, « two » en anglais, c'est « l'An Deux » du « O soldats de l'An Deux »). Le rêve me renvoie donc à un événement qui se déroula lorsque j'avais deux ans, dans l'An Deux de mon âge. Mais – pourquoi pas ? – ce pourrait être aussi bien à Victor Hugo, qui ferait alors référence à mon « moi victorieux » (« Victor Ego ») ou à mon père, et de mon père à la Loi, de la Loi à ses représentants, de ses représentants à la liberté, de la liberté à la prison, de la prison à un blocage psychique, du blocage aux barreaux, des barreaux au métal, du métal au papier, du papier à l'écriture, de l'écriture à moi-même, etc.

De métaphore en métonymie, de glissement en condensation, jamais épuisée, la règle du système, pour qu'il fonctionne, est de rester toujours ouvert.

Demeurent les deux dernières syllabes de « Anthony Quinn » – « ni quinn ». Toujours sans essayer de décoder, mais s'imposant à moi *malgré moi*, j'y entends « Ni », première partie du diminutif du nom de ma mère, et Quinn – à lire « Queen », en anglais, la reine, la reine mère. Mais cette « reine » de « Queen », aussi bien, peut s'articuler autour du « Rey-roi » de mon nom – en quoi, selon que je l'accepte ou que je le refuse, le sens général de la lettre, partant, de la totalité de mon rêve, sera modifié.

Pas davantage, rien ne m'empêche de relier le « Quinn » au « s'est » du « s'est penché » qui lui fait cortège, ce qui donnerait « Quinn-s'est », c'est-à-dire, avec l'aide d'une minuscule altération phonétique, « Quinn-cé », « coin-cé » – une fois de plus, pourquoi pas ? Compte tenu de la mise en garde qui précède, chacun pourra jouer à faire toutes les associations qu'il lui plaira sur le « s'est penché par la fenêtre » qui achève la phrase.

A un détail près : ce ne sont pas les miennes.

Aussi uniques que des empreintes digitales en ce qu'elles me déterminent comme *sujet* de l'inconscient, elles resteront inopérantes pour tout autre n'étant pas *ce sujet-là*.

En l'occurrence, moi-même.

Car, sans la spécificité de la situation analytique, du transfert qu'elle impliquait et de leur rencontre avec la singularité de mes propres associations, je n'aurais jamais pu faire fonctionner les clés de l'élucidation dont rien ne m'aurait permis d'identifier les signes, encore moins, bien entendu, de les décrypter pour décoder le sens de mon rêve me renvoyant à un événement de mon enfance qui devait, plus tard, prendre place dans les symptômes issus de la serre où s'ébrouent les signifiants, nouant, faisant et défaisant, au hasard de leur libre entrelacs, le destin qui est le nôtre.

« Le signifiant est ce qui représente un sujet pour un autre signifiant. »

C'est parce que chacun de nous est *représenté* pour

un Autre par un signifiant, c'est-à-dire ce qui ne peut fonctionner qu'à l'intérieur d'une chaîne, et pour lui seul, que toute la comédie humaine s'articule sur un tissu de malentendus générateurs de violence, de ratage, de racisme.

Il est de bon ton, dans les cercles universitaires américains, de railler « *l'enculage de mouches* » des intellectuels français dont le seul souci est de démoder, par une idée nouvelle, la mode de la veille. Dans un pays où, précisément, on ne les encule pas, où l'on boit plutôt que de s'interroger sur son envie d'être ivre, où l'on rêve d'*avoir* parce qu'on est certain qu'avoir, c'est *être*, où le succès, jamais posé en termes de culpabilité, ne se conçoit que par un « plus » et où la liberté, au lieu d'être un concept, autant que l'air dans les poumons, existe sans que l'on ait à en débattre, tout semble régi par la formule latine inventée par d'autres deux mille ans plus tôt : *Primum vivere, deinde philosophari*. Une éthique où les résultats du *comment* suppléent les vaines interrogations du *pourquoi* et, puisqu'il ne s'estime qu'en termes d'efficacité, où tout savoir, pour prendre sa place, doit nécessairement déboucher sur une technique. Il était fatal, dans ce climat, que l'analyse y devienne trop souvent une caricature d'elle-même, un fantastique renforcement du *surmoi* proposant à l'étal un échantillonnage de recettes pratiques, un *how to* : « Docteur, mes actions de la GM, dois-je les garder ou les vendre ? »

Car l'analyse, comme le reste, doit *servir* à quelque chose.

Quant à la pensée, dès lors qu'elle en arrive à ce crime de lèse-majesté, mettre en doute le système qui la supporte et dont le parfait fonctionnement se rit de ses remises en question, mais plus absurde encore, à se nier elle-même, elle est suspecte, négative, *unwelcome*.

On a déjà deviné que du côté de Manhattan ou de l'Idaho, un Lacan ne sert pas à grand-chose.

Dommage.

S'il était lu davantage, et compris un peu mieux — mais sans doute n'est-il destiné ni à l'un ni à l'autre — peut-être pourrait-on, lui aussi, l'*utiliser*, ne serait-ce que pour dénoncer le danger encouru par la grande machine à fabriquer du signifiant. Le moindre n'étant pas, imposant à l'Amérique le contresens de l'infinie variété de ses sens, de la couper du même coup de sa *sensualité*.

Ce qu'il a si bien épinglé d'une phrase : « Le propre du capitalisme, c'est d'avoir mis le sexe au rancart. »

Dialectique de la séduction y comprise, nous sommes, nous aussi, logés à la même enseigne.

Quel homme tombe amoureux d'une femme ?

Quelle femme d'un homme ?

Aucun des deux ne comblant pour l'autre ce qui est en creux de son désir, c'est donc au signifié — ce à quoi renvoie le signifiant — que revient d'assumer l'illusion passagère d'une fausse plénitude, c'est à lui que s'adresse l'*amour* : on aime un *toréro*, un *champion*, un *président*, un *capitaine*, un *milliardaire*.

On aime une *star*, un *mannequin*, une *hôtesse*, une *actrice*. On n'aime pas quelqu'un, on n'aime pas quelque chose : on n'aime que le *mot* qui représente la *chose* qui représente *quelqu'un*. Mais chacun, dans ce tour de passe-passe où se dérobe ce qui le consti-

DIALECTIQUE

tue, finit par s'élider en tant que sujet pour devenir lui-même *signe*.

Certes, on baise, et il y a du sexe, mais sa pratique n'implique nullement entre les partenaires qui s'y adonnent le moindre *rapport* dit « sexuel ». Du latin *sectus*. C'est-à-dire coupé, tranché, le mot à lui seul impliquant la faille, la division, le chacun pour soi : *le non-rapport*.

Inversement, je ne meurs que parce que je parle, je ne puise ma cruauté que dans le langage que j'habite.

Un chien sait-il qu'il va mourir ?

Un arbre ? Une feuille ? Un soleil ?

– Finalement, la cruauté et la mort ne sont que des effets de signifiants.

– Pourquoi la cruauté ? dit Lacan.

– Elle n'existe que chez l'être parlant. Quand deux animaux se prennent à la gorge, il suffit que le plus faible se soumette pour que l'autre lui laisse la vie sauve. Pas chez l'homme. Il tue par vocation, il torture par plaisir.

En volant la canne de l'antiquaire, il est possible d'avancer que le muscadin, par le truchement de son larcin, cherchait à s'approprier Lacan. Ses biens, son savoir, son phallus et son nom, représentés soudain par un glissement de signifiants où Lacan, se réduisant à la phonétique de ses deux syllabes (la-can'), se métamorphosait, métaphoriquement, en objet de son désir : *avoir* la canne, *être* la canne.

Dans les premiers temps d'une immersion totale, l'analyse provoque un dangereux état de tension qui se traduit d'abord par une perte du sens de l'humour. Impossible de se dédoubler, d'établir entre les autres et soi l'indispensable distance du détachement où l'aumône d'un sourire vous décolle de l'absurde.

Je me souviens d'une soirée chez des amis dans un salon typiquement *parisien*. Assis face à moi sur un canapé, deux garçons parlaient de Lacan. L'un d'eux occupait un poste quelconque à la Culture. Je connaissais l'autre, réputé *intelligent*, depuis que nous avions vingt ans.

Pendant cinq minutes, j'eus la force de ne pas intervenir malgré l'ânerie des contre-vérités proférées. Après s'en être pris méthodiquement à sa technique – c'était un dangereux malfaiteur, un charlatan, un assassin – ils s'attaquèrent à sa personne – grotesque et prétentieuse, cela va de soi – à ses manteaux de fourrure, ses chemises à col Mao – ridicules à son âge – à sa fortune ensuite – il roulait les gogos d'une façon scandaleuse – pour conclure qu'il devenait urgent de « faire quelque chose pour l'empêcher de nuire ».

A l'extrême rigueur, je peux m'accommoder de la faiblesse d'un mensonge, mais l'injustice m'est insupportable.

– Vous le connaissez ? demandai-je d'une voix douce.

– Non, mais on sait !

– Une seconde... L'avez-vous déjà rencontré ?

Alertés par mon changement de ton, ils se dévisagèrent après m'avoir jeté un bref regard étonné.

– Je vous ai posé une question ! L'avez-vous jamais lu, connu ou rencontré ?

Ils se turent soudain.

– Quand on ne sait pas, on ferme sa gueule !

Je ne comprends toujours pas ce qui se passa alors en moi.

Je sentis un voile blanc m'obscurcir le regard tan-

DIALECTIQUE

dis qu'une fantastique poussée d'adrénaline me fit me dresser, blême soudain, muscles tendus, visage de pierre. Je pointai tour à tour sur eux un index meurtrier et m'entendis dire d'une voix blanche :

– Écoutez-moi, connards... Écoutez-moi bien... Bougez simplement un cil, ajoutez simplement un mot et je vous tue.

Paralysés, blancs comme la craie, je crois qu'ils ne respiraient même plus. Par crainte de tenir ma promesse, je tournai les talons. Ils en profitèrent pour quitter les lieux sur la pointe des pieds. La scène n'avait eu aucun témoin sauf la maîtresse de maison arrivée à l'instant où ils s'esquivaient.

Elle capta si bien les ondes de violence vibrant dans le salon que, malgré nos liens d'amitié, à la seule expression de mon visage, elle s'abstint de me poser la moindre question.

Deux mois plus tard, je rencontrai dans un restaurant celui qui n'était pas à la Culture. J'allai vers lui, l'embrassai et m'excusai.

Il existe de grandes similitudes entre analyse et écriture.

D'abord, dans l'un et l'autre cas, vingt-quatre heures sur vingt-quatre, elles mobilisent une énergie si totale que s'en instaure un déplaisant état d'*indisponibilité* à tout ce qui leur est étranger – c'est-à-dire, en fait, *tout* le reste.

Ensuite, par le biais du regard intérieur qu'elles imposent, soit qu'il se concentre en propre sur l'univers mental où les temps se bousculent, soit sur l'exigence des personnages qui habitent leur créateur, l'une et l'autre impliquent un dédoublement dressant, entre celui qui les pratique et le monde exté-

rieur, une cloche de verre ouatant les rumeurs de la vie.
Pas davantage que ceux qui n'ont jamais côtoyé la folie, ceux qui n'ont pu pénétrer au cœur de ce point focal de l'isolement ne peuvent comprendre ce que signifie une coupure absolue, ni le sens profond du mot « ailleurs ».
— Je suis embarrassé... Hier soir, j'ai fait une espèce d'analyse sauvage. J'aurais sans doute mieux fait de la fermer...
La veille, pour l'aider à sortir d'une situation d'angoisse traduite par l'un de ses rêves, j'avais été pris de l'irrésistible envie d'en révéler le sens à une amie.
— Vous êtes parfaitement qualifié pour le faire, me dit vivement Lacan.
Je ne savais trop si c'était du lard ou du cochon. Ni l'un, ni l'autre.
Quelques semaines plus tard, il réitéra :
— Vous n'avez jamais pensé à devenir analyste ?
Je le regardai, sidéré. Moi, analyste ?
— Vous êtes sérieux ?
Je n'étais là que parce que qu'il y avait eu zone d'ombre dans l'épanouissement de ma jouissance, et pour que, désormais, la moindre parcelle du monde extérieur, dans la plénitude de son espace et de son temps, ne me fût plus dérobée.
— Vous me voyez assis sur une chaise pendant des années à entendre ressasser ce que j'ai essayé de résoudre en venant chez vous ?
L'analyse n'était qu'un moyen de ma liberté.
Pas une fin en soi : j'étais trop peu doué pour le malheur pour désirer, professionnellement, être à l'écoute de celui des autres.

10

Le Gros craquait. De plus en plus, il pensait à s'évader de Paris. Je le voyais s'enfoncer, comme s'il eût vécu dans une eau morne qui ne supportait plus son poids, et je ne pouvais rien faire pour le retenir malgré son désir de s'enraciner par le biais de choses simples, la terre, les arbres, le vin, son désir pathétique de communiquer, les dîners où il arrivait les bras chargés de bouteilles et de victuailles. Tout en lui disait « aimez-moi », et tout en lui, par une espèce de méfiance qui se dégageait de sa personne, éloignait les autres.

Sa nouvelle lubie, c'était les armes. Il se levait très tôt le matin pour aller aux Puces d'où il ramenait d'antiques tromblons, des pistolets rouillés, des dagues anciennes, des baïonnettes allemandes, des épées. Il possédait également deux ou trois revolvers dernier cri qu'il graissait, démontait et remontait avec amour avant de les envelopper soigneusement dans des peaux de chamois.

Il me demanda en riant si je n'avais jamais joué à la roulette russe.

Lui, oui.

Il me raconta qu'il lui arrivait, certaines nuits, de

mettre une balle dans le barillet, de le faire tourner plusieurs fois, de braquer le canon sur sa tempe et d'appuyer sur la détente.

Moins il me paraissait capable de vivre, plus me déchirait la luminosité de ses trouvailles intellectuelles. En ce temps-là, tout en continuant des travaux d'étymologie, il étudiait le mythe des chevaliers de la Table ronde. En société, il était nul, pataud. Il créait autour de lui une inquiétante zone de vide.

A plusieurs reprises, pour le faire changer d'orbite, le tirer de la rumination morose qui le rendait soudain *absent* aux autres et à lui-même, je l'avais invité à des dîners où l'entrain des convives, vrai ou faux, était aux antipodes de ce qui l'agitait.

Chaque fois, je m'étais retrouvé confronté à la même situation d'échec : ce roi se conduisait en moujik. Il semait le malaise. J'aurais pourtant donné n'importe quoi pour qu'on reconnaisse ce qu'avait d'unique sa *qualité*.

Mais trop de *détails* le coupaient d'autrui, discours, comportement, tenue vestimentaire, autant de *signes* dérisoires qui, marquant une appartenance au code d'une hiérarchie sociale, situent, déterminent une place : où était la sienne ? A l'opposé, on pouvait faire carrière avec un nœud de cravate. Chez les camarades du vide, trois fleurs ou un compliment vous servaient de passeport. Mais les poumons du Gros ne pouvaient se déployer qu'en altitude. Existent aux États-Unis des avions à très hautes performances incapables de décoller par leurs propres moyens. On les attache sous le ventre d'un bombardier qui monte droit dans le ciel et les décroche à douze mille mètres d'altitude. Alors, mais alors seulement, ils peuvent s'élancer trois fois plus haut dans l'azur et, libérés de la pesanteur, dans le cosmos déjà où nul ne peut les suivre, évoluer à des vitesses et avec une légèreté inouïes.

« Ses ailes de géant » : le Gros, c'était ça.

Lâché au-delà des nuages, il était capable de ces vrilles folles. Sur terre, il se traînait.

J'enrageais : Était-ce si compliqué d'apprendre à se servir d'une fourchette, de s'abstenir de bâiller en public, d'éructer à table ?

– Je suis parti de trop loin, répondait-il.

En contrepoids de son manque d'adaptation, sa délicatesse de cœur était extrême. En revanche, avec les femmes – nous en avions partagé quelques-unes –, il se comportait avec une sidérante brutalité de soudard.

Il haussait les épaules.

– Tu n'y comprends rien.

– Tu parles. Le bureau des plaintes, c'est moi.

Je crus deviner – mais je me trompais, elle était beaucoup plus grave – de quelle faille lui venait son absence de dons pour le quotidien : il partait d'un fait, le théorisait, l'intellectualisait et en tirait sans nuance une réalisation pratique :

– A l'âge des cavernes, aucun homme ne leur demandait leur avis.

Pas besoin de développer : ce genre d'aphorismes illustre à la perfection en quoi il avait tort d'avoir raison.

Quand je lui parlais du Gros, Lacan devenait très lointain.

Depuis quelque temps, j'avais moi-même l'impression que mon analyse piétinait.

— Pourquoi ?
— C'est parce que vous résistez, disait Lacan.
A quoi ? Quel mur invisible me bloquait ?
— Je vous écoute...
Silence.
— Dites-moi...
— Rien.
Parfois, entrant dans mon système, il me laissait filer au bout de quelques minutes. J'en étais malade de le payer pour ne rien dire. A d'autres moments, il me gardait longtemps, disponible à l'écoute — dite « flottante », probablement pour mieux indiquer la différence entre l'analyste qui flotte et l'analysant en train de couler — tout en jouant avec ses nœuds borroméens, ses idéogrammes, ses bandes de Moebius. Depuis longtemps, j'arrivais chez lui sans rendez-vous, quand je le voulais. Mon rythme biologique naturel est de me coucher quand le soleil se lève. Est-ce parce que le temps de la nuit est celui où les rêves vous visitent ? Il m'avait confié qu'il fragmentait son sommeil en deux temps de trois heures.

Sa vie avait la même découpe, écriture, séminaires, analysants, et le reste, qui lui était personnel. Pour la plus grande commodité de ses élèves et de ses patients, il avait décidé une fois pour toutes d'assujettir son emploi du temps à la scansion de l'année scolaire. Pâques, Noël, week-ends, août et juillet se plaçaient donc sous le signe de la *vacance*, dont les deux fourches du sens, dans l'étymologie du mot, signifient très justement aussi bien « vide » que « manque ». Je profitais du choix qu'il me laissait pour arriver chez lui juste avant qu'il ne ferme boutique. Son dernier visiteur était souvent un type à la fois furtif et désinvolte qui, jouant sur sa passion de bibliophile, venait lui proposer ses éditions rares : il ne repartait jamais bredouille. Curieusement, lors des négociations, la porte de son cabinet restait toujours ouverte, comme s'il eût désiré se faire rouler devant témoin. Le vendeur, sa sacoche noire bourrée de bouquins précieux, raflait par poignées les billets que Lacan avait pris de la main de ses patients au cours de la journée et fourrés négligemment dans sa poche. Quelquefois, je l'entendais dire non. Avec patience, jouant sur de longs silences et sur son désir, le vendeur excitait sa convoitise en lui laissant feuilleter d'autres merveilles. En fin de séance, lorsque Gloria était déjà partie, je lui proposais de le déposer où il le souhaitait. Les derniers temps, qui furent aussi les dernières années de sa vie, je le sentais nerveux, fatigué. Un soir, derrière la gare d'Orsay, alors qu'assis au volant, je passai le bras devant lui pour lui ouvrir la portière, il se heurta violemment le genou au montant de la carrosserie.

– Merde! lança-t-il avec rage.

Changeant soudain d'expression, il se tourna vers moi pour m'adresser un terrifiant sourire destiné à masquer sa grimace de douleur.

– Je vous remercie. Je vous souhaite le bonsoir.

Parfois, je l'accompagnais jusqu'à l'entrée d'un chinois en haut de la rue de Tournon. Sitôt quitté le cabinet et installés dans la voiture, la conversation dérivait instantanément sur des sujets neutres, théâtre, expositions, la pluie, le vent.

Avec obstination, je marquais encore plus la frontière séparant le dénommé Lacan, mon analyste, du Lacan homme public, dont je ne voulais rien savoir.

Il arrivait toutefois, sans que je l'eusse souhaité, que des interférences se produisissent.

J.-C.L., un ami journaliste, qui ignorait tout de notre relation, me raconta en s'esclaffant un déjeuner avec lui qui devait rester gravé dans sa mémoire. Au bout d'un quart d'heure de propos à bâtons rompus, Lacan lui déclarait avec une admiration sincère :

– Je suis fasciné par votre *ignorance*!

Dès lors, il supplia J.-C.L. de commander les plats les plus chers, insistant pour qu'il s'empiffrât davantage, le traitant en objet précieux pour lequel rien n'était trop beau.

J'écrivais.

Mes fenêtres donnaient sur un parc. Pendant treize mois, jusqu'à ce que j'eusse rédigé douze cents pages et achevé mon roman, je suivis le déroulement des saisons à la métamorphose des marronniers centenaires. L'effet souhaité s'était réalisé : désormais, je pouvais retourner rue de Lille autant qu'il me plaisait sans redouter les foudres de Lacan. Lorsque le livre parut, je lui en offris un exemplaire : « A Jacques Lacan, qui m'a rendu l'usage de l'œil et la possibilité de la parole. »

Par rapport à ce que je lui devais, une dédicace pâlotte.

En fait, j'étais à peine au milieu du chemin et, déjà, il m'avait apporté ce présent inestimable : grâce à lui, j'avais appris la haine.

Ou, si l'on préfère, son corollaire inversé, l'amour.

Non que je n'eusse jadis éprouvé l'un et l'autre, mais parce qu'il m'eût semblé inconvenant, à l'époque, mais surtout moins *héroïque*, de ne pas contrôler leur manifestation.

DIALECTIQUE

A force d'en réprimer les effets, je me demande même si je n'avais pas simplement cessé d'en ressentir les blessures.

A l'idée de pouvoir — on me l'avait toujours délégué sans que je l'eusse demandé, encore moins cherché à le prendre — s'était toujours associée l'idée de *masque*. Ou plutôt, c'est l'embryon de pouvoir que j'exerçais qui me faisait adopter le masque dont j'imaginais qu'il *seyait* à l'exercice de ce pouvoir : ne rien laisser transparaître de ses émotions, ne pas étaler ses états d'âme, ne rien dire pour se sentir protégé de l'Autre par le malaise qu'en lui, comme un miroir opaque, provoque le silence, ne jamais évoquer l'objet de son désir pour garder une chance d'y accéder, *tourner autour*, dissimuler, chérir la courbe et finalement, à force de prétendre ne pas la voir, mieux, feindre de croire qu'elle n'existe pas, passer à côté de la cible.

Vivre masqué. Ne pas laisser la moindre prise. Être lisse.

Utiliser ces deux plus vieux boucliers du refoulement, la supposée pudeur, cet autre masque qui scelle les lèvres aux révoltes et renvoie au tourbillon de mots qui pourrissent de ne jamais être dits, et la dérision, flanquée des stéréotypes qui s'y rattachent, « Trop simple », « Trop facile », « C'est dépassé », « Je connais », etc.

Comme s'ils eussent concerné quelqu'un d'autre, j'accueillais en vrac, avec un égal sourire neutre, catastrophes et bonheurs. Je planais dans les zones sereines où rien ne pouvait m'atteindre, pratiquant, ému par ma propre générosité, le pardon des offenses. Quelles offenses ? Les ressentais-je même ?

Perdu dans le propre épuisement de ma jouissance – mais trichant avec moi-même sur la nature de mes vrais désirs –, tout n'était destiné qu'à maintenir autour d'elle le garde-fou sur la nature duquel donnait le change mon apparente indifférence : du moment que rien ne la menaçait, je me foutais du reste.

Jusqu'à ce que me frappe de plein fouet la remarque irritée d'un proche :

– Dans le fond, avec tes airs de *bel indifférent*, tu finis par traiter tes ennemis de la même façon que tes amis.

L'analyse y mit fin : toute peur envolée, je pus enfin éprouver le bonheur d'être *vulnérable*.

Jaillirent de moi en un bouillonnement effrayant les cris bloqués derrière ma carapace de bienveillance cordiale.

Dès lors, chacun sut à quoi s'en tenir sur les sentiments que je lui portais. Quand j'aimais, à la vie à la mort, j'aimais.

Quand je haïssais, à la vie à la mort, on ne tardait pas davantage à l'apprendre. Une seule fois, mais pour des raisons ambiguës – stupéfaction, révolte, accablement et plaisir pervers mêlés –, je me tus.

Mon livre venait de sortir. Dans un stand tapissé d'affiches en représentant la couverture, je me retrouvai près de Paris pour le dédicacer à des libraires qui avaient invité quelques auteurs à leur congrès annuel. Mon voisin de stand était Ionesco. Pour son dynamitage d'une certaine convention théâtrale et pour *Le roi se meurt,* qui m'avait bouleversé, il avait toujours tenu l'une des premières places dans ma galaxie littéraire. Ce jour-là, il signait son premier –

DIALECTIQUE

et je crois unique – roman, *Le Solitaire*. Entre deux whiskies, nous échangions sourires, clins d'œil, petites phrases de connivence.

Je l'avais déjà rencontré par hasard lors d'un vol Helsinki-Paris où nous avions parlé de son *Journal en miettes* et j'espérais, si l'alcool absorbé ne nous foudroyait pas, que nous pourrions reprendre la conversation après la signature.

Depuis un moment, je sentais dans mon dos la présence de trois hommes qui se dandinaient d'un pied sur l'autre. Je me retournai. Genre jeunes cadres *supérieurs*.

Visiblement, ils avaient quelque chose à me dire. Ils se présentèrent, journalistes *littéraires*.

L'un d'eux se racla la gorge...
– Ça ne vous gêne pas?
– Quoi donc?

D'un geste ennuyé, il balaya l'espace pour désigner les affiches de mon stand.
– De commencer votre *carrière* comme ça?

Je ne compris pas tout de suite où il voulait en venir.
– Ce battage... Ce tapage..., reprit-il d'une voix lasse chargée d'un lourd reproche.

Il arrivait trop tard.

D'abord, je n'éprouvais plus depuis longtemps la culpabilité d'*être*. Ensuite, ayant été allaité au sérail, je ne pouvais m'empêcher de me demander combien de chefs-d'œuvre inédits rédigés de sa main jonchaient les tiroirs de sa table de nuit. Jadis, par l'abîme d'interrogations qu'il ouvrait, ce type de réflexion aurait risqué de me détruire pour des semaines.

Cette femme... La cinquantaine morose, hargneuse, dont je devais apprendre plus tard, sans être capable d'en tirer les conclusions, que sa propre fille, vivant avec elle, s'était suicidée sous son toit. Je n'avais guère plus de vingt ans. Je débutais. Selon les lois de l'offre et de la demande, indifféremment, j'écrivais ou je dessinais.

— C'est très grave ce que vous faites.
— Moi ? Qu'est-ce que je fais ?
— Vous écrivez et vous dessinez.
— Et alors ?
— Il faut choisir. Pas les deux à la fois.
— Pourquoi ?
— Parce qu'en faisant les deux, vous volez le travail de quelqu'un d'autre!

Mon père était doux et bon. L'exemple et l'éducation que j'avais reçus de lui étaient faits de générosité, de courage et de désintéressement. En ce temps-là, dans le village où veillaient les cyprès, la réponse était toujours identique lorsque quiconque voulait payer n'importe quoi : « Oh, ça ne presse pas. » Il eût été de très mauvais goût d'insister. L'argent ne *pressait* pas et nul n'aurait eu l'idée de *se presser* pour de l'argent.

C'est dire si mon enfance fut préservée d'envie ou de méchanceté. C'est dire aussi à quel point je me retrouvai désarmé quand, plus tard, comme chacun de nous, pour la simple raison qu'il existe, je dus y faire face...

Les matins d'hiver, c'est la guerre. Pas un bruit ne vient fracasser le bruissement soyeux de ma bicyclette lancée sur la route. Derrière les chênes-lièges et les buissons de la garrigue, c'est la même lueur froide et rouge qui naît. Ces derniers bouts de nuit que débusque la lumière, mon père, qui me prépare du café, la vacuité du sommeil qui s'accroche. Il est sept heures. J'ai douze ans. Mon cartable est bloqué sur le cadre de ma bécane, je donne les premiers coups de pédale dans les anciennes rues mortes. Je sors du village et attaque la route. Sur une borne, il devrait y avoir un caillou. Il n'y est pas. Je suis donc le premier. L'autre garçon qui lui aussi se rend au collège n'est pas encore passé. J'attaque la première côte. J'ai des gants en peau de lapin, les mains me brûlent de gel. Les arbustes, secs, durs et aplatis, derrière lesquels on aperçoit des morceaux de terre ocre, et les sarments pétrifiés des vignes. Parfois, passe un camion délabré à gazogène. Je feins l'indifférence, mais à peine doublé, je me redresse sur les pédales pour le rattraper, m'y accrocher et me faire traîner sur quelques kilomètres.

– *Ça ne vous gêne pas de commencer votre carrière comme ça?*

Et ce parachutiste allemand, dans la Provence occupée, dont j'entendais les hurlements dans l'air limpide d'un matin lumineux avant qu'il ne s'écrase au sol, et ma grand-mère sur son lit de mort, et mes amis perdus, et les fous lapidés et les femmes tondues, mises à nu et jetées dans la foule, et les mitrailleuses dans les fossés, de part et d'autre de la route, et mon père, emporté sur une civière, le nez plein de tubes, et ceux qui mordaient la terre comme si y enfoncer les dents eût pu les protéger des bombes, et tout ce qui m'avait agressé, la mort, le sang, l'amour, la trahison, et que je n'avais pu vomir.

Je savais que chacun de nous, pour se nourrir et

l'abri d'un toit, devait payer comptant avec la seule vraie monnaie dont l'éternité nous rend compte, les heures.
　L'argent circule. Il va, il vient. Un jour sans, un jour avec.
　Mais le temps ?
　Combien de minutes nous reste-t-il encore à vivre ?
　Comparé au temps, que vaut quoi ?
　Carrière ?
　Parfois, j'y repense, installé dans un jet survolant la planète à dix mille mètres d'altitude, dont j'ignorais, trois heures plus tôt, que le caprice allait me pousser à y embarquer.
　Bien plus bas, sous le plafond de nuages irisé de soleil, des villes boueuses et grises s'endorment dans le brouillard, peuplées de petits tas de secrets minuscules, d'ambitions inutiles et de nains qui s'égorgent pour un fauteuil d'enfant à la porte de cimetières surpeuplés.
　J'y repense aussi dans les eaux pures d'un lagon où je m'enfonce dans la tiédeur bleutée d'un jardin d'algues vertes.
　Encore ailleurs, où le monde est autre, neuf presque, enfantin, spontané, et où je suis, et où je cesse d'être.
　J'y pense, j'y pense...
　J'ai tout mon temps pour y penser.
　Entre l'ordre symbolique où, dans ses effets de déconstruction, le langage est roi, et l'imaginaire qui me projette vers l'impossible où le réel fait borne, possesseur *au moins* de mon temps, le temps qui reste à vivre, le temps que j'ai vécu, le temps que j'ai conquis, le temps que j'ai gagné croyant l'avoir

perdu, j'aime quand je le peux, je vis où bon me semble et m'en vais quand je veux.

Certes, avec la tragédie enfantine et bouffonne impliquée par mes choix, je ne fais pas *carrière* : à supposer que j'en eusse eu envie, dévorant mon temps à plein temps, la vie ne m'en aurait pas laissé le temps.

— Je ne suis pas certain qu'elle ait réellement joui, dis-je.

— Et vous ? me rétorqua Lacan.

Mon sourire valait sans doute toutes les réponses.

Comme toujours lorsqu'il me faisait toucher du doigt une évidence, il écarta les bras, poussa un soupir et se leva.

— A demain, dit-il.

11

Un menteur dit : « Je mens. »
En disant : « Je mens », il dit la vérité.
Donc, la disant, il ne ment plus. Dans ces conditions, il ment encore, mais s'il ment, ce n'est que parce qu'il dit la vérité en avouant être un menteur.

Par conséquent, disant la vérité lorsqu'il reconnaît mentir, il redevient menteur en prétendant qu'il ment.

Conclusion : On peut mentir parce qu'on dit la vérité, et inversement, dire la vérité lorsqu'on ment.

Exemple type d'impasse logique où le « logos » se retourne comme un gant pour jouer avec le sujet le jeu mortel du « moi » où s'aliène le « je ».

Quand s'interfère dans le discours la fausse monnaie du langage, où, d'être réversibles, s'insinuent les sens contraires du sens, le sujet de quoi ?

De la vérité ? Du mensonge ?

En me disant lors de notre première rencontre qu'il avait une amie dans le journal où je travaillais – ce qui était faux – Lacan ne m'avait menti que pour mieux faire jaillir un effet de vérité – savoir si j'étais moi-même un menteur.

En revanche, par la nature même de son contenu

DIALECTIQUE

et de son contenant, tout mensonge n'étant que le point focal du lieu où la vérité se manifeste, lui mentir de mon côté eût équivalu, quand je « résistais », à ce que fût dévoilé trop vite ce que je n'étais pas prêt à entendre. Autrement dit, je ne pouvais me mentir à moi-même qu'en disant vrai, le « vrai » n'étant qu'une défense supplémentaire pour refouler les révélations prématurées que j'aurais pu arracher à mon inconscient.

On voit comment, par le biais de ce renversement logique, lui eussé-je menti, j'aurais dit aussi vrai que si j'avais dit faux.

– Dans les deux cas, quoi que je dise, du moment que je parle, il y a immanquablement effet de vérité.

Approbation de Lacan.

– Même, et surtout quand je mens ?

Visage neutre...

– Sans mentir, je suis donc en droit d'affirmer que tout ce que je dis est vrai du seul fait que je le dise.

Concentration, puis :

– C'est un paradoxe que je ne puis accepter.

Être aimé, c'est s'incarner momentanément dans le fantasme de l'Autre. Mais, comme la logique de cet amour, tout autant qu'à l'Autre lui-même, reste à jamais interdite à celui qui en devient l'objet, à partir de là, l'invraisemblable devient possible : moi qui suis moche, vieux, unijambiste, manchot, moi qui pue et n'ai plus un poil sur la tête, moi dont branlent les trois derniers chicots, moi qui suis gras, ignoble, mou, comment puis-je être désiré par la plus belle femme du monde à qui rêvent chaque soir, à l'instant des automatismes conjugaux, des millions d'hommes en mal d'image ?

La réponse s'inscrit dans la question : le fantasme de cette plus belle femme du monde, c'est précisément le *déchet érotique,* un type vieux, moche, édenté, manchot, unijambiste, gras, mou, ignoble, puant, etc.

Tout « pourquoi » nous renverrait à l'apparent illogisme de la logique de l'inconscient, tout approfondissement, à la pratique qui en détient les clés, l'analyse.

Le sachant, chaque fois que je devenais objet d'un fantasme, pour y entrer de plain-pied, je feignais de ne pas m'étonner de ma surprise, non que j'eusse plus qu'un autre l'apparence d'un rebut, mais j'aimais tant les femmes qu'il me semblait miraculeux que certaines me le rendissent. Les ayant beaucoup pratiquées, j'avais finalement compris en quoi, trop souvent, devenu leur *objet,* j'étais ma propre dupe : certaines étant des « symboles » prétendus « sexuels », accepter leur intimité, par procuration, revenait à les mettre dans le lit des amis qui m'avaient pressé de les connaître. Non, bien entendu, qu'ils les possédassent réellement, ce qui n'ouvrirait que l'ordinaire chapitre de l'homosexualité par personne interposée où deux hommes, de refouler l'idée de l'acte qui les unirait dans un signifiant honni (« *pédé* ») l'assouvissent métaphoriquement – ils servent dans le « même corps » – par le biais d'une femme dont ils partagent les faveurs.

Plus bêtement, c'était pour leur faire plaisir – l'écrivant, je m'aperçois que je tombe moi-même dans ce que je viens de dénoncer : disons qu'en quelque sorte, ils me déléguaient la charge d'assouvir leur propre fantasme. Pour ne pas les décevoir, ne me restait plus qu'à assumer la déception inhérente à la

rencontre du réel lorsque, magnifié par l'imaginaire collectif, il ne vous laisse sur les lèvres, d'en affronter le choc, qu'un goût à la saveur fade.
— Elle est sublime, tu as toutes tes chances, elle fait rêver la planète, tu ne vas pas la laisser passer !
— Pourquoi pas toi ?
— Si je pouvais...
Bien que certaines d'entre elles, malgré leur beauté, ne me plussent pas spécialement, je voudrais éviter, même avec l'aide du recul, le ridicule de jouer les victimes : à défaut de ma jouissance, ma pulsion, toujours, y trouvait son compte.
Cadenassée dans les paramètres culturels de l'époque, du lieu et de ma propre déformation professionnelle — beauté, nom, fortune, gloire — elle n'en était pas moins déviée de ses buts véritables.
Lesquels ?
Ceux de la pulsion justement, qui, d'être aveugle, ne m'en poussait pas moins vers des objets parfaitement étrangers au code esthétique de ma *culture,* mais où la *nature,* qui opère sans l'assentiment de celui qu'elle asservit, trouvait son compte : la pulsion génitale a ses raisons que la raison ne connaît pas.
Dans quelle préhistoire, quel idiot a-t-il lancé la rumeur — plus que jamais, amplifiée par les médias, elle court encore — que le beau était excitant, alors que presque toujours, à l'exception du seul lien d'amour qui annule leur clivage, esthétique et érotisme sont sans rapport (*sexuel,* c'est le cas de le dire) ?
Que le beau soit excitant, c'est un fait, mais dans un registre sans rapport avec l'excitation génitale. A dénoncer aussi cette autre ânerie colportée dans le

bêtisier des sexologues : contrairement à ce qu'ils répètent, le sexuel n'est pas de l'organique.

Il n'y a de point « G » qu'en rêve, en acupuncture ou en kinésithérapie, pas en érotisme.

De même et inversement, fût-on l'auteur du *Kama-Sûtra*, et sans nier la *jouissance du savoir*, il n'y a pas de *savoir de la jouissance*. Étant par essence incommunicable, la jouissance, par conséquent, ne s'apprend pas : elle ne s'inscrit que par le désir émanant de qui elle déchire. Aucune technique n'en est la cause, elle n'est qu'effet de ce désir. En d'autres termes, dans l'absolu, le *bon coup,* malgré les plus éblouissantes prouesses physiques, n'existe pas. Ou alors, s'il est perçu comme tel, c'est par effet placebo, n'ayant valeur que chez la/le partenaire subissant l'élément d'une technique *à l'intérieur* de l'érotisation de son fantasme.

Mot d'un ami livré à Bangkok aux mains expertes de six beautés thaïlandaises : « Ça ne m'a rien fait, j'étais bloqué. »

Quelles premières impressions nous infléchissent donc vers ce qui plus tard, et à notre stupéfaction, en dehors de tout critère esthétique, nous excite ? Comme pour toutes les choses subies, donc, inconscientes, notre prime enfance en détient la clé. Entre un « pervers » et un « normal » – à supposer qu'il y ait une différence de structure entre les deux –, la frontière est fragile.

Lacan adorait tout ce qui se rapportait aux interférences de l'ordre symbolique dans le registre de la relation charnelle : en quoi le signifiant, selon qu'il vouait l'un des deux participants à la sacralisation ou à la mésestime imaginaires, infléchissait-il l'ordonnance de ce non/rapport sexuel ?

DIALECTIQUE

En d'autres termes, plus crus mais plus clairs, un homme bande-t-il de la même façon avec une vachère ou avec une reine ?

Pas de « rapport sexuel », peut-être, assurément.

N'empêche qu'on baise.

Mais comment baise-t-on suivant qui est baisé ?

Les poètes, comme les génies, savent sans l'avoir jamais appris ce qui ne s'apprend pas. Grâce injuste en quoi, précisément, ils sont poètes. Il leur suffit de quelques vers, paillards, drôles ou légers, pour voleter au cœur des vérités où patinent les pontifes :

Quand je pense à Fernande, je bande, je bande
Quand j' pense à Félicie, je bande aussi
Quand j' pense à Léonore, alors je bande encore
Mais quand j' pense à Lulu, là, je ne bande plus
La bandaison, papa, ça n' se commande pas...

Et quoi de la supposée jouissance ?

J'avais connu des serves, j'avais connu des reines – par connaître, il faut entendre « co-naître », c'est-à-dire « naître ensemble », au même instant, dans l'énigme de la première fois où n'a cours aucun *savoir*.

— Un ratage. J'ai passé une heure à lui enlever ce truc en diamants qui s'était pris dans ses cheveux.

— Un diadème ?

— Exactement. Un diadème.

— Et après ?

— Pas fameux.

— Mais encore ?

Je haussai les épaules.

— Je me suis énervé. J'ai commencé à la traiter...

— A la traiter comment ?

— Comme une pute.

— Et alors ? dit Lacan.
— Alors, rien. C'était bien.

Décodage analytique : d'instinct, en échangeant, sans savoir à quelle opération sémantique je me livrais, l'écrasante majesté du mot « reine » contre les quatre misérables lettres de « pute », je m'étais royalement, si je puis dire, assis sur un signifiant – le mot, cette fois, est à prendre dans sa connotation sémiologique.

Métaphoriquement, à supposer qu'il y en ait eu un, cette substitution de signifiants aurait permis à elle seule, par le changement d'*attitude* qu'elle impliquait de ma part et, par conséquent, de ma partenaire, une approche différente du problème. Ainsi, là encore, en va-t-il du *non-rapport* dit sexuel : avec une reine – surtout – le signifiant est roi.

Il avait eu cette définition superbe : « Une hystérique, c'est une esclave qui cherche un maître sur qui régner. »

Celle du Gros, quoique d'une formulation moins magistrale, n'était pas mal non plus : « Son phallus, elle ne l'a pas dans son caleçon, mais dans son citron. Gros comme une cathédrale. Et, avec ça, elle veut sodomiser la planète ! »

Du temps qu'il m'était indifférent d'être l'objet du fantasme de l'Autre pour les raisons pulsionnelles développées plus haut, j'en avais énormément côtoyé sans réellement en maîtriser le mode d'emploi.

Certes, elles me manipulaient.

Mais, jusqu'à ce qu'il fût assouvi, ayant prise sur moi par le désir qu'elles avaient fait naître, elles devenaient à leur tour objet éphémère de leur nouvel objet dévolu.

DIALECTIQUE

Immergé à l'époque dans un bain de culpabilité diffuse, je ne savais jamais comment mettre un terme à l'infini de leurs exigences, ne comprenant pas davantage pourquoi, lorsque je disais non, elles répondaient oui, et lorsque je me hasardais à risquer un oui, elles y opposaient instantanément un non.
Lors d'un cas épineux, le Gros m'administra une robuste leçon de choses qui me tira d'affaire.
Elle était venue me voir sous je ne sais plus quel prétexte, me laissant clairement entendre que je n'avais qu'à faire un signe. Je le fis. Elle m'invita chez elle. Je m'y rendis. Elle écrivait. Elle me pria de lire un de ses livres. Pas « un », mais « son », le seul, l'unique jamais édité et dont l'exemplaire qu'elle me tendit avec les précautions d'un porteur de ciboire, bien entendu, était l'ultime qu'elle possédât.
Je commis l'erreur de le prendre.
Une semaine plus tard, sans nouvelles de moi, elle en tirait prétexte pour m'accabler d'appels.
– J'ai besoin de mon livre.
Où l'avais-je donc fourré ?
Dans mon désir inavoué de la rayer de ma mémoire, j'avais réussi à égarer la bombe à retardement qu'elle n'avait placée dans ma poche que pour lui permettre de me relancer.
Son ton se fit plus dur, menaçant.
– Mon livre !
De peur de l'avoir en ligne, j'en vins à ne plus oser décrocher mon téléphone. Jusqu'au jour où, dans un restaurant, la malchance aidant, je tombai sur elle. Elle était avec une amie.
Avec un mépris glacial, elle refusa la main que je lui tendais. La sentant prête à un esclandre, je battis

piteusement en retraite sous une bordée d'appréciations aigres.

Dès le lendemain, ses appels reprenaient.

— Mon livre! Où est mon livre?

— Son bouquin, elle s'en fout, elle en a racheté mille invendus qui pourrissent dans ses armoires, me dit placidement le Gros. Tu sais très bien que ce n'est pas ça qu'elle veut.

— Qu'est-ce que je dois faire?

— Tu as envie d'avoir la paix? Rentre-lui dedans. Insulte-la avec ce que tu pourras trouver de pire.

Quelques heures plus tard, elle encore.

Je fis mentalement un signe de croix.

— Écoute-moi, vieille truie. Ton torchon de bouquin de merde, je l'ai jeté aux chiottes. Maintenant, je te préviens. Si tu me téléphones une fois de plus, je te casse la tête! Je ne veux plus entendre ta voix, plus jamais!

Énigme de la violence ordurière dans la thérapie de l'hystérie, je ne l'eus plus jamais au bout du fil.

— Tu es sorcier ou quoi?

Moue désabusée du Gros.

— Hystériques, hommes, femmes, on l'est tous. Simple question de degré.

— Il y a un traitement

— Tu as vu.

Un matin d'août à Saint-Tropez, chez Sennequier. Le café vient tout juste d'ouvrir ses portes. Le soleil est levé depuis longtemps, je ne suis pas encore couché. A cette heure et en cette saison, hormis deux serveuses somnolentes maniant distraitement leurs balais, il n'y a strictement personne sur le port endormi où s'alignent le long des terrasses des centaines de chaises vides. Sauf, deux tables plus loin, celles qu'occupent Picasso et Jacqueline. Je suis chroniqueur. Chaque jour, je dois alimenter en informations la page entière d'un quotidien : Picasso, bonne aubaine. Arrivée soudaine d'un quatrième larron, barbu, la soixantaine crasseuse, dont la dégaine incertaine, ne serait-ce le carton à dessins qu'il serre sous le bras, annonce le clochard sortant d'une cuite à la belle étoile.

Il se dirige droit sur Picasso et, brandissant sa main droite, lui agite un fusain sous le nez.

– Je peux ?

Sourire de Picasso : je brûle de deviner si l'homme de l'art ambulant a reconnu son illustre modèle. Comment savoir ?

Imperturbable, il commence à crayonner sur un bloc de papier pendant que Picasso et Jacqueline bavardent en sirotant leurs espressos.

Dix minutes plus tard, le portrait est achevé.

– Montre, dit Picasso.

Il s'empare de l'œuvre. Au passage, j'y jette un coup d'œil : elle est infâme.

Picasso l'examine avec autant de concentration et de sérieux que s'il se fût agi d'un incunable.

– Excellent, dit-il. Combien je te dois ?

Alors, l'autre :

– Pour vous, Maître, c'est gratuit.

Ainsi donc, il le connaît !

En outre, il vient d'avoir une parole de seigneur.

D'un mouvement de menton, Picasso lui désigne alors le bloc et le crayon.

– Donne.

En quelques traits magiques, somptueux de sûreté

et de simplicité, il exécute le dessin d'une chèvre, le date, le signe et le tend à son obscur confrère : geste de prince.

Je me souviens avec attendrissement du texte que j'avais rédigé sur le livre d'or d'une galerie de l'avenue Matignon où il exposait quelques toiles récentes – ce n'est pas une excuse, mais j'avais vingt ans : « Que n'êtes-vous resté à votre époque bleue... » Paraphé de mon nom souligné avec force et suivi de l'orgueilleuse mention « peintre » – il fallait qu'il sache que le jugement ne venait pas de n'importe qui, mais de l'un de ses pairs, ni plus ni moins. *Signifiant* toujours : le mot « peintre » nous liait dans l'illusoire identité de sa fonction métaphorique.

« Peintre », le clodo, Rembrandt, l'amateur du dimanche, Goya, moi-même, Vermeer, le peintre en bâtiment, et Cranach, et Raphaël, et Picasso, du moment qu'on peignait, nous avions tous en commun d'être « peintres ».

Quant à l'abîme séparant tout barbouilleur de Michel-Ange, puisque le même mot, recouvrant une action identique, nous plaçait dans le même sac, il était négligeable : ne nous servions-nous pas tous d'un pinceau ?

Peintre aussi, C., celui qui fut l'un de mes premiers maîtres lorsque je débarquai à Paris pour préparer les Beaux-Arts.

– Alors Marseille (il appelait la plupart de ses élèves du nom de la ville dont il pensait qu'ils arrivaient), quel est votre peintre préféré ?

– Modigliani.

Visage coincé entre sa barbe blanche et son vaste feutre noir, je ne suis pas près d'oublier la quinte de rire qui le secoua.

DIALECTIQUE

— Modi ?... Mais c'est un farceur !

Je devais apprendre par la suite qu'à longueur de jeunesse, ils avaient fait les quatre cents coups ensemble.

L'un avait connu la fin que l'on sait. L'autre, accumulant les médailles et les présidences de salons, peint à l'infini les tonnes de pommes blettes laissées en vrac par Cézanne dans des compotiers de faïence négligemment posés sur des nappes de lin. Dix années s'écoulent... Je sors du Grand Palais où sont exposés, entre autres merveilles, quelques rares et voluptueux Modigliani. Je fais quelques pas sur le terre-plein des Champs-Élysées pour récupérer ma voiture.

Et tombe en arrêt : là, assis sur un banc, même barbe et même chapeau, cassé en deux par l'âge, C.

— Maître... Vous me reconnaissez ?

Il lève la tête, me dévisage...

— Marseille !

Il a peut-être quatre-vingt-cinq ans. Je suis ému de le revoir. D'un geste du pouce, il me désigne le Grand Palais auquel il tourne le dos.

— Vous venez de...
— Oui.
— Et vous avez vu les...
— Oui.

Et soudain, inattendu, l'aveu qu'il s'était toujours refusé à lui-même sous peine d'y sombrer corps et biens.

— Ah, Modi... C'est un grand bonhomme...

La reconnaissance de l'Autre.

Aux portes de la mort, il verbalisait ce qu'il avait su de toute éternité, j'ai eu du talent, il a du génie, il est immortel, et je vais mourir. Pathétique : en un instant désenchanté, le vieil homme que je respectais assumait la certitude que ni lui ni ses toiles ne laisseraient aucune trace.

— Pourquoi les hommes dotés d'un pouvoir charismatique ou d'un talent universellement reconnu sont-ils toujours flanqués de grandes hystériques ?

Regard interrogateur de Lacan.

— Picasso, par exemple. Il n'a qu'à jeter le mouchoir pour avoir toutes les femmes. Or, on dirait qu'il le fait exprès, qu'il va chercher l'emmerdeuse entre mille.

Il n'allait pas les chercher, elles le *trouvaient* — ce qui aurait pu donner à son aphorisme « Je ne cherche pas, je trouve », une nouvelle formulation, « Je ne les cherche pas, elles me trouvent ».

Comment ?

En niant, ou en feignant d'ignorer ce que chacun reconnaît en lui, son génie, précisément. Effets de catalyse : hommages, quolibets, envie, foule, solitude, le génie attire, isole, désigne, condamne. Entouré d'une cour à sa dévotion, de flatteurs, de parasites et de solliciteurs, roi de son monde et du monde, le bruit de son nom, qu'elle ait été d'origine ou que sa célébrité l'eût provoquée, le voue à cette faille paranoïaque : ne pouvoir entendre que celui qui ne lui adresse pas la parole, ne voir que celle qui ne le regarde pas. C'est pour ce regard qui le néglige qu'entre toutes, il *la* distingue : « Pourquoi ne m'admires-tu, pas comme les autres ? »

Sur quoi joue, et à son tour, *est jouée*, l'hystérique : elle ne sera *vue* de lui aussi longtemps qu'elle ne le *verra* pas.

DIALECTIQUE

Cesse-t-elle de se dérober, l'équilibre est rompu, c'est lui qui se dérobe. Dépouillée alors du pouvoir que lui valait l'énigme de son refus, elle va, hors du cercle enchanté, grossir le rang des dépouilles anonymes.

Quant au génie, pour que prenne forme le manque de son manque, il n'a plus qu'à attendre ce nouveau regard sans tain qui ne le *verra* pas.

– Oui ? Dites...

– J'étais en train de me demander s'il en est de même pour vous ?

Lacan eut un sourire mi-figue mi-raisin, leva les yeux au ciel et haussa les épaules.

VI

Maïeutique

12

Je m'appelle Pierre. Pas par hasard.
Ma vie durant, la même phrase m'a sifflé aux oreilles : « Si tu as un peu d'argent investis-le dans la *pierre*. » C'est donc sur cette *pierre* que ma mère bâtit son église. En quoi elle ne se trompait pas : avec *pierre*, elle faisait effectivement le meilleur investissement possible par rapport à ce que son désir d'avoir *Pierre* pouvait combler de son manque.
A ses débuts, moi aussi j'aimais *Pierre*. Jusqu'à ce que l'excès d'amour qui l'étouffait me contraignît, par instinct d'équilibre, à le prendre en grippe, me le rendant soudain aussi lourd à porter qu'une *pierre* autour du cou.
Pauvre *pierre*, dolent du trop-plein d'amour qu'on lui vouait. Et ligoté plus tard dans la banale ambivalence où chacune de ses libertés se devait d'être conquise sur la culpabilité de ne pas en *rendre assez*.
Au point de dire à sa mère, devant sa mine fermée lorsqu'il lui annonça pour la première fois l'éventualité d'un possible mariage : « De toute façon, je divorcerai. »
Belle excuse pour un infidèle : que celui qui n'a jamais péché – au cas où, sur la planète, il s'en trou-

verait un seul de mon âge qui ne soit pas né du ventre d'une femme – me jette la première *pierre*.

Jusqu'à quel point nous détermine le poids du nom qui marque notre place dans l'ordre symbolique ?

Lorsqu'on s'appelle Littré et qu'on accepte son destin, peut-on faire autrement que de consacrer sa vie à l'élaboration d'un dictionnaire ? Et à l'échelle du totem – à lire comme « signifiant » – pour une famille, un clan, un village, une ethnie, en quoi le mot qui les distingue et les regroupe agit-il sur leur comportement ?

Pendant la guerre, trônaient dans une classe de l'école où je fus enfant, de grandes planches cartonnées consacrées à nos colonies, leur géographie, leur économie, leurs cultures. On avait poussé le réalisme jusqu'à y agrafer de petits cylindres de verre emplis de *vraies* gousses de cacao. J'avais perdu depuis longtemps le goût du chocolat.

Fou du désir d'y goûter, je me résolus, après plusieurs mois d'hésitation, à déboucher les flacons pour grignoter leur contenu pendant plusieurs semaines : par cette opération, ni plus ni moins, j'avalai symboliquement l'Afrique.

Mes ancêtres couraient vite. Au XIIIe ou au XIVe siècle, à pied, et du nord de ce qui n'était pas encore tout à fait la France, le pèlerinage à Saint-Jacques-de-Compostelle durait six mois. Sur les chemins, des bandes armées dépouillaient et massacraient les voyageurs sans escorte. Sitôt que deux pèlerins se rencontraient, ils décidaient, pour mieux se protéger, de faire route ensemble. Parfois, arrivant en vue de Saint-Jacques, leur troupe comptait mille ou deux mille personnes.

MAÏEUTIQUE

A peine les tours de la basilique se profilaient-elles sur l'horizon que tous se mettaient à courir. Le premier qui touchait de sa main l'effigie du saint était déclaré « el Rey » par les autorités espagnoles. Chaque année, le cérémonial recommençait, sacrant un nouveau « Rey »; voilà comment les noms propres, de trop se répandre, deviennent communs.

Il arrive que les signifiants opèrent au niveau d'une nation, auquel cas chacun ou presque des individus qui la composent en recevra, indirectement, la marque collective, selon qu'elle est soumise à un sens privilégié d'où découlera la nature de ses créations. Il y a des nations peintres, musiciennes, poètes, philosophes. Épicurienne, très mobile d'idées, versatile, contradictoire et paradoxale, la France, enrichie par les talents de ceux qu'elle avait accueillis parce qu'elle fut longtemps terre d'asile, est un peu tous les genres à la fois. Elle touche à tout, aucun des cinq sens n'y perd droit de cité au profit d'un autre.

En Irlande, musique, langage et poésie, l'oreille est reine.

A plusieurs reprises, j'ai rencontré, debout sur des falaises désertes, des personnages étranges déclamant au seul profit du ciel des vers de Yeats ou des tirades entières de Shakespeare.

En revanche, en dehors de la beauté presque tragique de certains paysages, rien n'est donné à voir, tout pour l'œil reste à découvrir, c'est-à-dire à prendre – en quoi l'Irlande n'est pas faite pour les idiots.

Les maisons y sont fonctionnelles. Des murs et un toit contre le ciel, une cheminée pour qu'y agonise sans chaleur un feu de tourbe, des fenêtres pour l'air et la lumière.

Pas d'ornements. L'homme, par une espèce d'humilité devant l'évidente perfection de la nature, semble avoir renoncé à y ajouter de sa main – urbanisme, architecture, monuments – quoi que ce soit qui puisse en modifier l'ordonnance.

Sauf une chose : les *Georgian doors.*

La plus misérable baraque de la banlieue de Dublin possède au moins cette singularité dont l'originalité fait tache : sa porte. Offerte à tous, fermée à chacun, laquée de couleurs vives, rouge carmin, vermillon, bleu de Prusse, vert émeraude ou jaune citron, ornée de superbes heurtoirs en cuivre aux reflets d'or, elles éclate sur le béton, la brique, ou le torchis avec l'intensité d'un soleil rapporté.

Au cours d'un dîner, ma voisine de gauche vient de faire allusion à la galerie qu'elle possède.

– Qu'y vendez vous ?

– De la peinture anglaise.

– Et vous arrivez à survivre ?

Elle me dévisage avec surprise. Je lui souris.

– La peinture anglaise n'existe pas.

Elle s'apprête à protester, je ne lui en laisse pas le temps.

– Turner ? Et quand vous aurez mentionné Constable, Bonington, Reynolds ou Gainsborough ? Whistler ? En revanche, je peux vous citer instantanément cinquante Français, autant de Flamands et d'Italiens. Quelle peinture anglaise ? Vos plus grands peintres n'ont jamais tenu un pinceau, ce sont vos poètes et vos écrivains.

De structure, le peintre est un voyeur, un *peeping-eye.*

Par opposition aux pays latins, où tout est livré en

pâture au regard, comment pourrait-il naître spontanément ou s'épanouir dans la rigueur du puritanisme anglo-saxon – gravé en Irlande par quatre siècles d'occupation – dont le premier commandement est de feindre de ne rien voir ?

Autant pour celui qui l'utilise que pour celui qui en est l'objet, le regard est menace. Il fouille, pénètre, agresse, trahit le désir de qui le porte et, comme dans les religions animistes, fait peser le danger d'être *possédé* sur celui dont il capte l'image.

A partir de ce phénomène culturel où l'usage de l'œil est proscrit, comment s'étonner que si peu, paralysés par l'interdit de *voir*, soient doués pour *regarder* ?

En d'autres termes, être peintres ?

Demeurait une énigme : par rapport à la banalité de l'environnement, à quelle signification profonde renvoyait donc la richesse de ces *Georgian doors* ?

Pourquoi les portes, et elles seules, étaient-elles des objets d'art ?

La réponse était contenue dans la question : Qu'est-ce qu'une porte ?

Un élément qui empêche de voir *au-delà*.

Je compris alors pourquoi – en *trompe l'œil* pour ainsi dire, car il s'agit réellement d'un *leurre pour l'œil* – le seul objet digne d'être décoré, enluminé, embelli, était précisément celui dont la fonction consistait à *arrêter le regard*, à empêcher qu'il n'aille *plus loin*.

– Vous devriez développer, dit Lacan, faire un truc là-dessus.

Plus j'avançais, mieux m'apparaissait l'étendue des « trucs » à faire. Afin de rendre en partie ce que j'avais reçu d'elle, je me promettais d'écrire *plus tard* ce que l'analyse m'avait appris sur des matières dont j'avais cherché en vain qu'elles me fussent enseignées du temps que j'errais – selon l'aphorisme bien connu, « les non-dupes errent ».

Mais plus tard, c'était quand ?

J'ai commencé la rédaction de ce livre il y a plus de dix ans. Tels qu'ils existent aujourd'hui, j'en avais alors écrit les deux premiers chapitres. Il faut croire qu'à l'époque, je ne pouvais en donner plus. Peut-être les choses devaient-elles mûrir davantage ? Je l'ignore. Toujours est-il qu'après ces vingt ou trente pages, j'abandonnai mon travail pour passer à cette longue période du *rien* dont il est question plus haut.

Au moment où j'écris ces lignes, neuf années plus tard, je m'aperçois à quel point, sans m'en rendre compte, j'ai revécu, en tentant de les dégorger, tous les symptômes d'angoisse et de régression que j'avais connus lors du déroulement de mon analyse. Agrémentés d'un phénomène psychosomatique nouveau pour moi.

Ces jours derniers, si près du but – l'achèvement de ces ultimes pages –, une boule m'a obstrué la gorge. Par « boule », j'essaie de décrire une sensation s'apparentant à l'ulcère, à un poids sur la poitrine, à un étouffement accompagné d'une douleur précise en un lieu imprécis, du côté du plexus – comment pourrait ne pas me sauter aux yeux, à propos de « plexus » l'étymologie commune de « complexe », que ne mentionne aucun dictionnaire spécialisé ?

J'ai mis ce signal sur le compte de la fatigue : j'avais trop écrit, je m'étais trop *donné* à l'écriture. Pourtant, en soi, écrire n'est rien. La difficulté, c'est

MAÏEUTIQUE

d'atteindre cet état de réceptivité où les mots s'enchaînent si vite qu'on a du mal à les transcrire : cela s'appelle la grâce. Le percheron devient pur-sang, les phrases arrivent avec un tel bonheur, comme toutes faites sous leur forme définitive, que nul n'est besoin de les relire pour savoir qu'on n'aurait pu les écrire autrement. Parfois, la grâce s'absente. Alors, rien n'est possible. Malgré des jours et des nuits de concentration, aucun mot ne prend le relais entre ce qui est dit et ce qui reste à dire, à ce point précis de silence où gît le blocage. De nouveau, il faut mériter la grâce, rechercher le feu, en attiser la brûlure jusqu'à obtenir l'équivalence de ce degré de fusion où se métamorphose la matière, où s'embrase et se produit enfin ce changement d'état, *d'état de grâce*.

En fait, ce qui était en jeu par le biais de cette boule qui me mordait le plexus et la gorge, c'était l'acte d'écrire lui-même, et métaphoriquement, à travers la *fin* qu'il impliquait, la crainte inconsciente d'arriver à terme, de revivre comme une mort l'achèvement de mon analyse, et la mort de mon père, et la mort du Gros, et la mort de Lacan.

Sitôt que je l'eus verbalisé, instantanément, tous les symptômes somatiques qui me tourmentaient disparurent avec la même soudaineté qu'ils s'étaient manifestés.

Le point de blocage se situait quelques lignes plus haut, à la phrase : « Mais plus tard, c'était quand ? »

Plus tard, c'est toujours *tout de suite*.

Depuis que Freud l'a inventée, on a longuement palabré sur l'âge idéal pour entreprendre une analyse : *toujours et tout de suite*, sitôt que la souffrance et le désir en commandent l'urgence. La perspective de mourir moins idiot, à elle seule, devrait faire table rase de toute hésitation.

A une réserve près : il existe un danger.

Lorsqu'elle est menée à terme, l'analyse confronte chacun à son désir – c'est précisément parce qu'il est dévoilé qu'on saura que son issue a été heureuse. « Heureuse » ne signifie nullement l'avènement d'un nirvāna où seraient aplanies soudain les difficultés de la vie et atteinte une zone hors turbulence où tout prendrait la saveur fade du paradis.

Au contraire. Débusquée, le désir peut provoquer des ravages. A vingt ans, rien n'étant construit, nul ne risque de rien détruire. A quarante, sa vie étant « faite » – il tombe sous le sens que c'est pour mieux être *défaite* – bardé de famille, alourdi des pièges du succès qui enracinent et esclave des mille esclaves de son entreprise, M. le président de Quelque Chose va s'apercevoir que son désir réel n'était peut-être pas de présider quoi que ce soit, d'avoir une femme, des enfants, une position sociale, un statut professionnel, etc., mais, à supposer que sa destinée soit ailleurs, de rompre le cercle où, obscurément, il sait que s'englue ce qu'il lui reste à vivre.

S'il a encore assez de force intérieure pour en suivre la logique et y accéder, décidant, à l'encontre de tout ce que lui avait enseigné son code culturel où étaient déjà inscrites, à son insu, sa place et la trajectoire de son parcours, de vivre enfin son désir propre, il partira, payant l'éventualité de son salut par la malédiction des siens, l'opprobre général et une dégringolade dans l'échelle sociale.

Tel est le prix possible.

MAÏEUTIQUE

D'où ce paradoxe de l'analyse : parce qu'elle libère, elle condamne. Faisant revivre, elle tue.

Et comme les Parques, indifféremment, tissant ou coupant les fils de la vie, elle structure ou déconstruit.

Libre à chacun, le sachant, de s'engager s'il le veut, en n'oubliant pas que sa visée ultime est du registre d'une éthique, pas d'une morale. Et libre à chacun, ayant lu ce qui précède, d'apporter sa propre réponse à la question « Y a-t-il un âge idéal pour l'analyse ? » Après tout, lorsqu'on la mène à son terme, peut-être y découvre-t-on, parfois, que ce qu'on souhaitait était précisément ce que l'on a.

Peut-être, mais j'en doute.

La demande elle-même n'implique-t-elle pas le malaise lié au désir de toute remise en question ? Qu'irait-on faire sur un divan, n'était-ce pour y devenir *autre*, c'est-à-dire soi-même ?

Ce qui s'en dégage en premier, c'est une perte d'innocence envers le son creux des idées générales dès lors qu'il s'agit de générosité, de charité ou de liberté : on ne peut plus faire semblant de ne pas savoir que les dés y sont pipés.

Combien en ai-je vu, se dédouanant par une action publique, à la tête de cortèges arpentant les rues, porteurs de pancartes chantant les louanges de la non-violence et de la paix ici ou là, et rentrant chez eux, talochant sauvagement leurs enfants, frappant leur femme et bourrant leur chien de coups de pied. La générosité appliquée à la conscience universelle et diluée jusqu'au point zéro de l'énoncé qui la soutient.

Impossible de ne pas voir le sadisme se cachant derrière le discours sur la charité, le pouvoir pris sur qui n'a rien par le biais d'un morceau de pain, d'une paillasse pour la nuit, d'un bol de soupe. Quant à la liberté, revendiquée par tous comme le plus précieux des biens, qui la désire vraiment ? Qui peut assumer ses risques alors que, secrètement, le plus grand nombre aspire à la hiérarchie d'un groupe où les relations s'établissent à travers les ordres donnés ou reçus, ce qui, d'office, met la pensée hors jeu – mon chef décide à ma place – et exclut la responsabilité – ce n'est pas moi, c'est l'Autre.

Quel Autre ? *Un Autre...*

Fondée sur les dangers qu'elle implique, la liberté, dire merde ou crier non, est plus exigeante et n'appartient qu'à ceux qui la méritent parce qu'ils sont prêts, pour l'obtenir, à y perdre la vie.

– J'en ai marre, marre, marre !
– De quoi ?
– De ne pas faire ce que je veux !

Il est entré dans mon bureau sans frapper.

Quarante-cinq ans peut-être. Pour se donner du courage, il a certainement un peu bu.

– Et tu voudrais faire quoi ?
– Créer et diriger un service de rewriting.
– Accordé.

Il hésite un instant. La charge de sa colère mitonnée pour m'affronter – il ne s'agit pas de ma personne mais de la fonction que j'occupe – est trop violente pour se dissiper en une seconde.

– Je ne suis pas assez payé !
– Tu gagnes combien ?
– Huit mille.
– Et tu voudrais ?
– Dix mille.
– Disons quinze. Ça te va ?

MAÏEUTIQUE

Il sort à reculons. Sonné. Il est venu frotter ses songes au contact du réel. En un instant, ils *sont devenus réels*. Le voici au pied du mur. La suite ? Une semaine plus tard, sa femme, très inquiète, vient m'annoncer qu'il a disparu. Deux jours après, il émerge : à la suite de son entrevue réussie, il est allé se soûler dans un hôtel de banlieue. Jamais plus il ne fera la moindre allusion à sa promotion ou à son augmentation.

– J'ai peur, si je fais une analyse, de ne plus pouvoir créer.
– Pourquoi ?
– Je deviendrais normal. Sans folie, comment pourrais-je écrire mes poèmes ?

J'avoue, presque mot pour mot, avoir prononcé les mêmes phrases.

Avant.

C'est une constante de la vie psychique que nul ne tient à se priver de sa névrose. Elle apporte trop d'avantages secondaires pour être bradée au contact du premier analyste venu. Malgré le désir qu'elle sous-tend, toutes les ruses seront bonnes pour y échapper. « J'ai averti, avait dit Lacan, que la psychanalyse est un remède contre l'ignorance ; elle est sans effet sur la connerie. » Par définition, la connerie ne crée rien, sinon de la connerie. Par conséquent, soit le supposé créateur, avec ou sans analyse, continuera à créer ou non ses conneries habituelles – ce qui laissera chacun indifférent – soit, étant réellement créateur, il créera toujours, mais autre chose, plus loin, dans un autre champ qu'aura défriché la trouée du langage en ce qu'elle se féconde du « délire » – le mot vient d'une métaphore de laboureur de la Rome antique.

Lira, le sillon. Quand un paysan, rêvant derrière sa charrue, sortait par inadvertance du sillon, les autres, pour le prévenir, lui criaient : *De lira!* – tu sors du sillon.

Lorsqu'elle irradie sa propre énergie, toute création se situe nécessairement hors du sillon, car la création ne peut procéder que du *dé-lire*. En quoi, par ce biais qui ramène infatigablement sur le versant du logos, l'analyse, au lieu de le châtrer, ouvre au contraire l'imaginaire à de nouveaux registres inimaginables où la création prendra place.

– Avez-vous lu Lytton Strachey ? me demanda Lacan.

– Jamais entendu parler.

– Il a écrit un truc épatant, *Queen Victoria*.

Je ne me le fis pas dire deux fois. J'écumai tous les endroits possibles où trouver le livre. En vain. J'écrivis à l'éditeur anglais. « Tirage épuisé. » Le temps passa. Des années plus tard, alors que j'avais presque oublié le titre de l'ouvrage et le nom de son auteur, je me trouvai à l'étranger chez une amie qui venait de s'installer dans un appartement prêté par relation.

Nous étions tous deux allongés lorsque j'interrompis brusquement l'action en cours : perdu à la tête du lit, sur une étagère au milieu d'autres vieux bouquins, je venais d'apercevoir *Queen Victoria*. Je m'en emparai comme s'il se fût agi du Graal.

– Puis-je l'emprunter ?

– Il n'est pas à moi.

– Je le prends quand même.

Rien ni personne n'aurait pu m'empêcher de le voler.

Je l'ai lu. Je l'ai encore. Je n'ai toujours pas

compris l'enthousiasme de Lacan. Et s'il souhaitait que j'y visse, par analogie, une réponse indirecte à un problème posé à cet instant par le travail que j'effectuais chez lui, j'ignore laquelle.

Je n'en conservais qu'une certitude : même si elles débouchent sur des buts dont l'objet nous reste momentanément hermétique, les choses, fût-ce dans les circonstances les plus étranges, n'arrivent que lorsqu'elles méritent d'advenir.

13

Le pire, c'est qu'on y survit. Et que si cette survie a un sens, il ne peut apparaître en une fulgurance qu'au moment même où la vie se dérobe.

« La vie, a dit Lacan, comme une honte à boire, de ce qu'elle ne meurt pas et qu'on n'en meurt pas. »

Qui est mort de la vie ?

Bourreau de tous les autres, chacun de nous inflige la souffrance et souffre d'être méconnu, persécuté, mal aimé, incompris.

La mort du Gros m'étouffe.

A un moment de notre relation, je sentis de toute la violence de mon instinct animal qu'il avait envie de me tuer.

Je ne puis, avec des mots, faire éprouver la certitude absolue qui m'habita pendant cette période. Elle procède de l'irrationnel.

Peut-on dire la peur ?

Certains jours, pourtant, j'avais peur de le lâcher des yeux.

Pour l'avoir éprouvé dans nos assauts de boxe, je savais que sa fantastique masse de menhir était invulnérable. Sur un ring, les règles vous protègent. Il suffit de lever la main pour que cesse le jeu. Pas dans la vie. Morphologiquement, le Gros n'était pas fait pour frapper – la densité de sa puissance amoindrissait la sécheresse de ses coups – mais pour assommer, pour broyer. Eût-on utilisé une barre de fer pour le descendre, elle se serait tordue sur sa nuque sans autre effet qu'une piqûre de guêpe.

Mon premier livre venait d'être publié. Les dieux étaient avec moi. Pour ne pas le laisser à l'écart de ma surprise heureuse, je voulus l'associer à des projets communs.

Nous envisageâmes, sans en retenir aucun spécialement, plusieurs ouvrages de vulgarisation psychanalytique avec l'idée d'ouvrir certains concepts lacaniens rendus plus hermétiques encore par la logomachie de ses contempteurs aussi bien que de ses thuriféraires : les manipuler avec assurance ne revenait-il pas à s'investir à peu de frais de l'ombre de son savoir ?

Les Diafoirus du *jargon* ne manquaient pas.

Nous étions tentés de les épingler à travers le thème des *délirants du tout-va-bien*, qui se pendent en riant car la vie, c'est connu, est parfaite. Nous voulions aussi rendre plus accessible à un public affamé mais exclu l'approche des quatre Discours – Hystérique, Maître, Analyste, Universitaire – la fonction du mathème *a* (à lire « objet petit a ») dans l'articulation du manque, favoriser dans la terminologie lacanienne l'approche d'un concept aussi coriace que le réel (d'être nommé, il est *impossible*), montrer ce qui se cachait derrière les phrases qui avaient fait scandale lorsqu'il les avait lancées, « La femme, ça n'existe pas », (barré *quoad matrem*), « Il n'y a pas de rapport sexuel », (barré *quoad castratio-*

nem), « Mon épreuve ne touche à l'être qu'à le faire naître de la faille que produit l'étant de se dire », etc., en un mot, défricher un champ afin que chacun, l'ayant parcouru, pût retourner aux sources muni d'une fragile boussole – pour prendre en compte l'un de ses mots : « Si vous avez compris, vous avez sûrement tort. »

Pourquoi ceux qui souhaitaient y accéder auraient-ils été tenus à l'écart de cette chasse-gardée par ceux qui savaient que le savoir est un pouvoir ? Garder... Garder pour régner... Ne pas donner, ne pas parler, ne pas chier... En ne chiant pas, l'*infans* fait chier sa mère qui le supplie de lui faire cadeau de ses précieux excréments et par cette *rétention* anale – qui se joue aussi par rapport au père – dût-il en crever, prend pouvoir sur elle : dans une opération structurellement identique, le Vatican avait réussi le tour de force de garder secret pendant quatre siècles le zéro importé à Rome par les mathématiciens arabes qui l'avaient inventé.

On devine à l'avantage de qui se déroulait la moindre transaction. D'un côté, le paysan ayant fait un par un le lent décompte de ses centaines d'œufs avant d'additionner le prix de chacun pendant des heures, de l'autre, l'homme de robe à qui il suffisait, pour dominer le jeu, d'effectuer une multiplication instantanée en ajoutant au nombre inscrit ce zéro magique qui, placé à sa suite, le multipliait par dix, par cent, par mille.

Du zéro, le Gros et moi passions aux origines du système décimal directement dérivées d'un simple constat anatomique : n'avons-nous pas dix doigts ?

Ne nous restait plus qu'à structurer ce qui précède.

— Pouvez-vous me dire si vous êtes d'accord avec ma définition du savoir ?
— Dites..., dit Lacan.
— Voir, le *ça*.
Réflexion, soupir, dénégation.
— Je ne puis l'accepter...
J'amenai le Gros chez mon éditeur.
Je crois que c'est à partir de cet instant que son comportement changea. Il n'avait qu'une idée en tête, capitaliser assez d'argent pour quitter Paris et changer d'air : il en avait enfin l'occasion. Les administrateurs nous avaient fourni quelques chiffres sur l'à-valoir de notre future collaboration. Je m'étais démené pour qu'ils fussent convenables — ils l'étaient. Mais, inlassablement, il en ruminait le montant, cherchant la faille par laquelle, oubliant que nous étions deux dans le même bateau, *on* allait *le* baiser.
Comment lui expliquer que l'éditeur, dont je soupçonnais la complaisance à mon égard, n'avait dû en accepter le montant que pour céder à ce qui n'était probablement à ses yeux qu'un *caprice d'auteur*, dont le premier livre s'était vendu ?
Je me tus.
Sans cesse, il revenait à la charge et, avant même que nous eussions signé quoi que ce fût, parlait sur un ton de rancune agressive d'avocats, de litiges, de procès. Je m'apercevais avec amertume qu'au lieu de nous rapprocher, le projet que j'avais fait naître pour casser son isolement moral semblait au contraire nous séparer de plus en plus. Peu avant sa mort — dont Lacan me livra le secret dans un raccourci qui me foudroya d'indignation, de surprise et de chagrin —, j'essayai de comprendre les causes de son revi-

rement : comment avait-il pu, me connaissant comme il me connaissait, m'ayant vu travailler comme il m'avait vu le faire, considérer la soudaineté de ma chance comme une nouvelle injustice qui, me sacrant par hasard roi d'un jour, l'aurait blessé par ricochet ?

J'imaginai des causes extérieures. Les ayant presque toutes épuisées, je me demandai même, afin de pousser les ultimes hypothèses jusqu'à l'absurde, si ne se dissimulait pas, derrière l'appétit brutal de ce consommateur de femmes, une pulsion homosexuelle à mon égard.

Mais, là encore, impasse : à supposer que cela fût, en quoi aurait-elle donc expliqué la cassure produite en lui du jour au lendemain par l'annonce d'événements dont il attendait le salut ?

Restait la peur qu'il m'inspirait.

Je ne pouvais m'empêcher de repenser à la lettre de Gauguin racontant à Schufennecker comment, à Arles, alors qu'il était assis devant une fenêtre, *quelque chose* l'avait alerté : il s'était retourné brusquement et avait vu Van Gogh, debout dans l'embrasure de la porte ouverte, le contempler d'un air bizarre, un rasoir à la main.

En sa présence, mon malaise devint si insupportable que je m'arrangeai pour espacer nos rencontres. Sur sa demande, je lui organisai un rendez-vous avec le propriétaire d'un centre de thalassothérapie où restait à pourvoir un poste de médecine générale – depuis longtemps, il voulait se défroquer de sa qualité d'analyste. Il se rendit également en Provence pour étudier la possibilité de s'établir dans des villages que je lui indiquai.

Jusqu'au jour où il m'annonça qu'il avait découvert une minuscule station balnéaire de la côte normande où il allait ouvrir un nouveau cabinet.

En trois jours, il bazarda son appartement, confia son délirant capharnaüm à un garde-meuble, bourra de livres deux caissons militaires – chaque ouvrage, lu et relu, était parsemé de passages soulignés plusieurs fois à la règle –, fourra quelques affaires dans un sac de marin et disparut.

Me restait de lui un gros galet plat poli par la mer, du temps qu'elle recouvrait les vignes de Châteauneuf-du-Pape.

Un jour de discussion, il l'avait machinalement orné d'un curieux dessin abstrait s'ordonnant autour d'une tache noire d'où partaient, comme pour mieux s'en évader, une multitude de stries rouges dont chacune avait la particularité, à l'inverse d'un labyrinthe pourvu d'une sortie, de boucher le passage à toutes les autres.

Aucune *issue*.

Quelques mois s'écoulèrent. Nous nous téléphonions de temps en temps. Il venait de divorcer. Je travaillais à mon troisième livre.

Un soir, revenant de Genève, j'apportai à Lacan deux boîtes de ses « Punch Culebras » : il les repoussa de la main.

Autant que la raison, je m'abstins de lui en demander le remboursement, les gardai quelque temps et les offris à des amis : ainsi donc, il avait renoncé à fumer...

Du temps de sa jeunesse, nul ne sait qu'il est jeune.

Il l'apprendra plus tard, en vieillissant : il saura qu'il l'a été sans l'avoir su quand il l'était.

Car la jeunesse est une invention de vieillards.

Inversement au réel qui disparaît quand on le nomme, la jeunesse, au contraire, n'existe que par les mots qui l'évoquent.

En tant que telle, elle n'est concevable que lorsqu'elle n'est plus, en négatif, à titre d'*absence*. Ne plus fumer, ne plus boire, ne plus courir, ne plus aimer, autant de castrations qui nous dépouillent au goutte-à-goutte, afin de mieux nous préparer à la mort de ce qu'était la vie.

A l'époque, Lacan disait déjà : « Le signifiant que je suis devenu, ça se dit paraît-il " label-Lacan ". Ce truc m'accable depuis longtemps. La belle Lacan ne peut donner que ce qu'elle a. » Lui restaient le thé de cinq heures, les visiteurs qui s'empilaient dans l'escalier, la renommée qui grandissait en même temps que la fatigue, les rumeurs.

Récemment, ayant appris que j'écrivais ce livre, un journaliste m'a raconté qu'à ses débuts, ses employeurs lui avaient demandé – pour y trouver quoi ? – de faire les poubelles, Lacan y compris, de quelques hommes célèbres.

– Qu'avez-vous découvert ?

– Les coquilles de ses œufs à la coque. Il les entamait toujours par le gros bout.

– Le gros bout...

– Et des lettres, des paquets de lettres d'amour jetées aux ordures et même pas décachetées.

– Comment pouvez-vous savoir qu'il s'agissait de lettres d'amour ?

– C'est moi qui les ai ouvertes.

On nous offre toujours en exemple des *patterns* de réussite, d'équilibre, de sagesse.

MAÏEUTIQUE

Bien entendu, tout est faux.

Sous peine d'asphyxie, aucun de nous ne peut se glisser dans le moule conçu pour lui par d'autres. Le rêve avoué de mes parents était que je fusse professeur de dessin – il s'agissait de polir les angles vifs de ma dévorante passion de peindre en la canalisant dans une opération de substitution sémantique où le mot « professeur » – une *situation* – gommait ce qu'avait de dangereusement aléatoire le substantif « peintre » – une *aventure*.

J'étais en dette avec ma famille – le nom-du-père, l'amour, l'éducation, l'argent, les études... Pour m'en acquitter, j'acceptai, pour un temps, d'accéder à leur désir. Sous la dénomination flatteuse de « professeur adjoint », si peu professeur et tant adjoint, mais j'ignorais de qui j'étais l'adjoint, et en quoi, je me retrouvai pion dans un lycée pendant une année mortelle où je rêvais de l'Amérique. Un jour de concours que j'avais séché, enlacé avec la femme que j'aimais sur le pont des Arts – le bien nommé – je vis arriver à l'extrémité du pont, le vieux B., l'un des responsables du lycée, affligé, malgré le printemps qui était né de cet après-midi tendre, du chapeau noir et de la lugubre écharpe violette qu'il ne quittait jamais. Au moment où j'écris cette phrase, j'en capte l'accumulation des symboles funèbres : « le vieux B. », « affligé », « noir », « lugubre », « violet ».

C'est que je la formule avec les yeux de ma jeunesse, c'est-à-dire en *rupture d'échelle*.

A dix ans, j'eus un instituteur nommé M. Blanc. Un bon géant, dont la douceur et l'autorité m'avaient assez impressionné pour qu'aujourd'hui encore je me rappelle son nom. Vingt ans plus tard,

mon père, rencontrant un nain dans la rue, tint à nous présenter l'un à l'autre :
— Tu te souviens de M. Blanc ?
Nul ne change, ou si peu. Ce qui diffère, c'est le regard qu'on porte sur l'Autre, et qui en fige l'image : M. Blanc avait toujours été un nain. L'empreinte de sa taille inouïe ne m'était restée en mémoire que parce qu'à cet instant de mon enfance où elle s'y était gravée, j'étais encore plus nain que lui.

Quant au vieux B., était-il réellement si lugubre ou la révolte de mes vingt ans me le faisait-elle percevoir ainsi ?

Nous nous aperçûmes au même instant : trop tard pour me défiler. Je lâchai ma douce blonde – Éros –, allai droit vers lui – Thanatos – et, improvisant au fur et à mesure que je parlais, me mis à lui raconter une extravagante histoire de maux de ventre qui m'avaient contraint à déserter l'amphi où mes fonctions auraient dû me clouer.

— Des douleurs atroces...

Tout au long de mon analyse, il arriva que mon métabolisme fût chamboulé. Des trucs bizarres dont j'essayais, souvent en vain, de percer le sens. Par exemple, je m'éveillai plusieurs fois de suite à une seconde près, à *onze heures onze*.

Pourquoi onze heures onze ? J'eus beau jouer avec les signifiants, en isoler les « O » où je flairais l'ombre de la castration, les lire « Zéro », tenter d'articuler les syllabes dans un ordre différent, rien n'y fit, je ne comprends toujours pas – en l'occurrence, Lacan lui-même ne me fut cette fois d'aucun secours. Ou bien, moi qui ne suis jamais allé me coucher avant le lever

MAÏEUTIQUE

du jour, je m'endormais comme une masse avant minuit. Parfois, comme las d'être élucidés malgré le délire de leur contenu manifeste, mes rêves se présentaient à moi dans la fraîcheur d'un mathème inédit, deux lettres, un signe, (N/poinçon de/O) qui me ramenaient imparablement au chiffre de la destinée que j'aurais dû subir.

Le Gros arrivait au terme de la sienne.

L'eussé-je deviné, comment retenir un ami qui se glisse hors de la vie ? De peur qu'on ne me taxe d'un excès de coïncidences, je n'oserais pas écrire ce qui suit dans un roman où, à défaut d'être vrai, chaque détail doit être *vraisemblable*.

Il est évident que ce qui se passa alors ne le fut pas.

J'écrivais ce troisième livre. Par rapport aux dates de sortie que nous avions prévues, j'étais très en retard. Un soir, une amie de ma compagne vint dîner à la maison. Sentant ma nervosité, elle me proposa d'aller terminer mon travail dans l'appartement qu'elle possédait sur la côte normande. Entre mille, on a déjà compris qu'il s'agissait du minuscule bourg où officiait le Gros. Les baies vitrées, que prolongeait une terrasse, donnaient sur la mer.

Je déballai ma machine à écrire et tentai de me concentrer pour renouer avec les fils de mon histoire.

On était en février. Dans le village presque surréaliste à force d'être mort, la totalité des résidences d'été étaient closes.

Y en avait-il d'autres ? Existait-il des indigènes en vie ?

Le soir même, je dînai avec le Gros. Je retrouvai chez lui quelques éléments de son décor habituel, l'immense table de chêne poli, un fauteuil verdâtre, les armes, les épées.

Et sa solitude, que semblaient accentuer le silence, le désert des rues bêtes se profilant à la lueur dure de lampadaires éclairant le néant.

Je feuilletais quelques-uns de ses livres, toujours soulignés à la règle de violents traits rouges ou noirs, comme s'il eût voulu faire entrer de force en lui ce qui aurait pu l'aider à survivre.

– Je m'emmerde. Ça ne va pas. Je voudrais retourner à Paris comme médecin conventionné.

– Tu rigoles ?

– Pas du tout. Quelque chose d'automatique où je n'aie plus à penser. Sécurité sociale. Tu connais quelqu'un ?

– Oui.

– Tu t'en occupes ?

– Oui.

J'avais un ami, mort tragiquement depuis, dont dépendaient en France tous les services de Santé. Il n'avait qu'à apposer sa signature au bas d'un document pour que se réalise le vœu du Gros. Je me promis de l'appeler le lendemain.

Entre-temps, j'avais prévenu Lacan que je m'absenterais deux ou trois semaines, le temps de faire face à mon urgence.

Il avait fait la grimace sans trop protester.

Le Gros buvait beaucoup. Il raflait les fonds de verre où traînait n'importe quoi et l'avalait d'un geste automatique.

– Le plus vieux somnifère du monde, disait-il avec un clin d'œil. Ou alors : « Je biberonne. » Ce qui en révélait plus sur son manque qu'un long discours.

MAÏEUTIQUE

Mais il ne s'agissait plus du lait maternel. Après la mort de sa mère, en signe de deuil, il avait gardé pendant six mois, accroché au revers de sa veste, un morceau de ruban violet.

Une fois de plus, m'exhibant un Colt 45 Magnum graissé avec amour, il me raconta qu'il lui arrivait, la nuit, de jouer à la roulette russe. Un soir, il débarqua chez moi. A trois heures du matin, nous discutions toujours. Je fus obligé de lui expliquer que mon livre ne sortirait pas si je n'en remettais pas impérativement le manuscrit un mois plus tard.

L'appartement était bleu de fumée.

Il avait besoin de parler. Je sentais sa détresse.

– Écoute, j'ai eu mon ami. Il t'attend à Paris dans huit jours. Tout est arrangé. Tu auras le poste que tu ambitionnes à partir du 1er juin. En attendant, ne m'emmerde pas, il faut que je finisse. Je n'ai plus que trois semaines, je te supplie de comprendre. Ensuite, tout le temps que tu veux.

– O.K. Je rentre.

Je fermai la porte derrière lui, allai ouvrir la fenêtre et sortis sur la terrasse pour respirer. Ne fût-ce la lumière crue des lampadaires dessinant des cercles où se creusaient les reliefs du sable et l'écume des vagues venues mourir sur le rivage, la nuit était totale. M'emplissant les poumons d'air frais, je restai immobile une minute.

Je n'oublierai jamais ce que je vis.

Brusquement, deux étages plus bas, la fantastique silhouette du Gros se découpa sur le sable qu'il arpentait de son pas lourd de gorille. Or, son immeuble n'était pas situé comme le mien en bordure de la mer, mais de l'autre côté de la rue.

Il était plus de trois heures du matin. Il me tournait le dos.
Je le vis s'éloigner sur la grève jusqu'à ce que la nuit l'avalât. Il était né en criant au secours.
Son cri muet m'emplissait les oreilles.
Le cœur serré, je retournai à ma machine.
Quelques jours plus tard, je repartai pour Paris afin de m'attaquer à mes dernières pages. Le Gros y avait séjourné quelques heures pour y rencontrer mon ami. On lui avait déroulé le tapis rouge et confirmé, comme prévu, qu'il pourrait entrer en fonction le 1er juin. Rassuré de ce côté-là, je m'immergeai dans mon texte. Il m'appela à plusieurs reprises, me remercia, me dit qu'il était content et que « tout allait bien ».
« Les délirants du tout-va-bien »...
Le titre que nous avions projeté ensemble prend aujourd'hui toute sa résonance tragique. J'étais tellement plongé dans mon travail que rien ne m'alerta, sinon, un matin, la surprise d'être sans nouvelles de lui depuis huit jours.
Je m'emparai du téléphone : pas de réponse.
Le lendemain, au courrier, je décachetai une lettre de sa femme. Hébété, je la lus et relus en tremblant : « A. est mort. Il s'est tiré deux balles dans la tête. »
Deux.
L'après-midi, j'entrai dans le bureau de Lacan. Il jouait avec des bouts de ficelle. Je le considérai pendant un moment.
– Oui ?... dit-il.
– Savez-vous ce qui est arrivé à A. ?
Je dus avaler ma salive pour que ça sorte.
– Il s'est suicidé.

MAÏEUTIQUE

Silence de Lacan.
— Vous entendez ce que je vous dis ?
Je fus surpris par l'agressivité de ma voix en même temps qu'envahissait mon corps un flot de sang chargé de glace.
— Je vous dis qu'il s'est suicidé ! Deux balles dans la tête... Deux !
Imperturbable, Lacan continuait sans broncher à nouer et dénouer ses fils de couleurs différentes.
J'explosai.
— C'est tout l'effet que ça vous fait ? criai-je avec rage.
Soudain, comme quelqu'un qui en a marre d'entendre des conneries, il me fit face, me défia du regard et me cracha sur le même ton de colère froide :
— Que vouliez-vous qu'il fît d'autre ?

VII

Éthique

14

Il n'est d'éthique que de la mise en acte du désir.
Le reste est littérature. Car la lettre qui l'épingle, à supposer qu'elle ait été identifiée, dès lors qu'elle n'ouvre pas sur le passage à l'acte, n'a aucune prise sur le réel : elle restera *lettre morte*. Bien avant de pouvoir l'exprimer, et encore moins d'élaborer mes chances de le vivre, je pressentais le mien. Maintenant que je peux mettre un nom sur les différentes facettes de ce qui fut, en établir après coup la trajectoire où se relie, causes et effets, ce qui jadis me restait invisible, je m'aperçois qu'il n'a pas varié d'un iota depuis l'enfance, apprendre, aimer, jouir, créer, comprendre, sans oublier le droit que je revendique par hygiène mentale, et qui donne au reste vie et prix, d'être fou parfois.
Je n'ai pas le goût du souvenir – à trop se pencher sur son passé, on y chute. Pourtant, il y a peu, il a bien fallu que j'ouvre ces caisses entassées depuis de si longues années dans un garde-meuble. Avec stupéfaction, j'y ai retrouvé les cahiers de mon adolescence où j'inscrivais alors les rêves qui me servaient de futur : tout y était déjà. J'ai découvert ainsi que tout

ce que j'ai vécu depuis et que je vis aujourd'hui, j'avais rêvé de le vivre.

Une image aurait dû servir de relais à ma mémoire.

On était en février. Paris se recouvrait de boue, de froid, de crasse et de nuages. Je me retrouvai un soir dans un port de la Méditerranée, je ne sais vraiment plus lequel, ni dans quel pays, mais dans ce genre d'endroit où, même en décembre, la lumière de l'hiver ressemble à l'été.

Peut-être était-ce en Grèce ? Peut-être en Tunisie ?

Je me souviens seulement d'un coucher de soleil. Je flânais sur le quai, longeant les bateaux amarrés le long du môle. Tout était beau, paisible, et si calme que, par rapport à la fureur des villes et à la fragilité de la vie, m'apparut l'idiotie d'être ailleurs, l'inanité de toute course. Il faut dire qu'à cet instant de mon existence, j'avais déjà trop vu la faille de puissants personnages ayant *réussi* : ivres de lassitude après des luttes truquées en leur aboutissement, au moment même où ils pensaient devoir en recueillir les fruits, bêtement, ils crevaient.

D'ennui, de désarroi, d'automatismes : *ils avaient eu, ils n'étaient pas*. Ils avaient cru tout avoir, ils n'avaient possédé que ce qui était à vendre. Sitôt qu'apparaissaient les premiers symptômes du *manque-à-être*, ils apprenaient, trop tard, que leur souffle s'était épuisé derrière un leurre.

Ces voiles et ce soleil rougeoyant, quel que soit le néant ou la perfection de ce qui nous attend *après* – mais peut-être est-ce la même chose ? – me rappelaient, puisque la mort est gagnante, cette loi qui était mienne, prendre sur-le-champ ce que la vie nous offre – eussé-je eu des ancêtres, j'aurais souhaité qu'ils inscrivissent sur leur blason : « C'est toujours ça de pris. »

Encore, pour le *savoir*, faut-il ne pas ignorer ce qu'elle a à nous offrir, et, le sachant, *pouvoir* le prendre, être prêt à en payer le prix d'un abandon, d'un sacrifice, d'une mort.

La nôtre.

En d'autres termes, tuer symboliquement celui qu'on a été afin que, par ce biais, soit clivé le *donné* de l'enfance du *conquis* de la maturité. Le mot, en rien, comme nous le prouvent les nourrissons octogénaires ou les vieillards de vingt ans que chacun de nous côtoie chaque jour, ne se relie à l'âge, mais à l'aptitude d'un individu, devenu libre enfin, autonome dans sa pensée, c'est-à-dire *sujet* de lui-même, et non plus des aléas extérieurs de son travail, d'un discours ou de l'argent qu'il reçoit, à aimer, décider, assumer.

Autant d'actions qui ne relèvent pas précisément du *donné*, mais s'instaurent d'un franchissement où d'avoir à se dépouiller de ce moi ancien – opération qu'on retrouve aussi loin que fouille la mémoire dans toutes les cultures et le sens caché des mythes, rites d'initiation, folklores ou contes de fées –, de pourrir sans mûrir, fait périr de pourrir et mourir sans renaître, nous contraint à passer par des seuils où s'embusque inévitablement la souffrance.

Récurrents, similaires à bien des égards aux stades prégénitaux oral, sadique-anal, génital, qui, de ne pas être franchis au moment où ils *doivent* l'être, léseront gravement les chances d'évolution ultérieure.

Ou à la position du fœtus impliquant sa mort certaine s'il n'est expulsé, au bout de neuf mois, de l'indicible perfection du ventre de sa mère.

« Si nous survivons, c'est qu'il y a de quoi. » Je suis sûr que Dolto nous parlait de l'*instant*, dans la gratification de ce qui le transcende, amour, beauté, jouissance. A quoi se rattachait ce port, semblable à tous ceux de la Méditerranée où étaient nées les grandes œuvres de l'art et de la pensée dont l'harmonie, vingt-cinq siècles plus tard, nous pénètre comme au premier jour de leur création. Je trouvais en soi la vie trop foisonnante de possibles pour commettre le péché de ne pas jouir sur l'*instant* de l'*instant*, fait de ces mille riens auxquels m'arracherait, le jour venu, mon propre anéantissement dont l'inéluctabilité me pressait, tout en les différenciant, à conjuguer plaisir – ce qu'on ajoute à la vie – et jouissance – ce qui s'arrache à la mort.

De ces « riens », précisément, j'en avais un sous les yeux.

A l'instant où je le vis, attablé sur le pont de son voilier blanc, à contre-jour dans le soleil rougeoyant qui enflammait les mâts des bateaux, lissait la mer douce et colorait d'ocre tendre tout ce blanc qui s'étageait aux flancs des collines couvertes de cyprès, tout de blanc vêtu lui aussi, exclu volontaire des convulsions du monde où chacun étripait allègrement son prochain, il lisait le *Times* pendant qu'un de ses marins, sourire aux lèvres, lui versait un verre de scotch.

Voilà.

Cela n'allait peut-être pas très loin, mais je me dis, par opposition à toutes les souffrances simultanées que sécrétait la planète, aux mornes processions de la connerie, du racisme, de la haine, de l'avarice et de l'envie, que cet inconnu, même si, de sa vie, il ne devait jouir que de cet instant précis, détenait la clé du monde. Il avait réussi à se placer sur une orbite intemporelle, à ce point de l'espace qu'évoque Borges dans *L'Aleph* où, soudain, présent, passé, futur, s'enchevêtrent jusqu'à ne plus former qu'un amalgame réduit en une vibration singulière de lumière perçue en un certain lieu d'une certaine heure du jour sous un certain angle d'une certaine marche de la cage d'un escalier dans un certain quartier d'une certaine ville.

Une métonymie dont ne peut rendre compte, puisqu'au lieu où n'opèrent pas les sens, rien n'est livré, rien n'est *senti*, aucune approche intellectuelle, mais qui s'ouvre en revanche à la perception intuitive dans le frémissement de son acuité.

Les sens : telle était la meilleure place d'où je pouvais prendre et donner, capter l'essence de mon existence et le vrai sens de ma *joui-sens*. C'était cela que m'avait apporté Lacan, une prise sur ce qui me préexistait, me survivrait et appartenait à tout le monde, mais aussi l'accès à un savoir sensuel que je possédais à mon insu dans une mise en pratique permanente mais qui, au lieu d'être une fin en soi, s'ouvrait sur autre chose dont les blocages ordinaires m'empêchaient d'en appréhender la totale plénitude. Je me méfiais tellement de leur puissance qu'il m'arrivait, du temps que j'exerçais un travail régulier, de me priver de musique et de peinture. Eussé-je écouté une symphonie ou regardé un tableau, les forces m'auraient manqué pour revenir de mon plein gré dans la morne tourmente immobile d'un bureau.

« Plus vous serez ignoble, mieux ça ira. »

Il faut croire que je ne l'étais pas assez à l'époque. Non que je le fusse devenu par la suite — la boutade de Lacan, bien entendu, n'est à prendre qu'au second degré, dans son sens de dérision —, mais ma répugnance à dire *non*, par paresse, m'incitait malgré moi à me transformer en bourreau de ceux auxquels je n'aurais voulu infliger aucune souffrance. Souhaitant la leur épargner, je prolongeais le mensonge ou le silence qui envenimaient la plaie, ravivaient la blessure : pour ne pas faire mal, avec une lenteur infinie, j'assassinais davantage, comme si j'eusse tué deux fois.

A un certain moment de ma vie, très jeune encore, je connus une période où, partagé entre deux femmes, l'une des deux ignorant l'existence de l'autre, la seconde, parfaitement au courant de mon officielle relation avec la première, je faisais tout en double : double réveillon de Noël, double week-end, double dîner, double mensonge. Jusqu'au jour où, recommencer, après les petits fours et le café, à avaler des artichauts ou du saumon me pesa sur l'âme encore plus que sur l'estomac. Le cœur soulevé, je me jurai, quoi qu'il m'en coûtât et quelles qu'en fussent les conséquences, au lieu de jouer avec la vérité, l'assenant à qui me faisait face, de l'utiliser désormais comme le tranchant d'un glaive décidant pour moi de mon propre destin. Après tant de mensonges, le faux courage de la dire me nimbait à mes yeux d'une auréole de héros alors qu'en fait, la disant, je ne faisais que déléguer à l'Autre les choix que ma lâcheté m'empêchait d'assumer.

Dans cette dialectique où, par le biais de l'aveu,

entrait en jeu la présence d'un tiers, qu'est-ce qui était le plus « ignoble » ?

Mentir, en maintenant une espèce de statu quo provisoire – reculer pour mieux sauter – ou dire la vérité qui allait provoquer une explosion immédiate ?

On devrait relire Platon plus souvent :

– J'ai une femme, que j'adore, dit le jeune Hippias. Mais ma maîtresse me rend fou de plaisir. Dois-je quitter ma femme pour vivre avec ma maîtresse ou renoncer à ma maîtresse et rester avec ma femme ?

Après un temps de réflexion, l'oracle tombe de la bouche de Socrate :

– Quoi que tu fasses, tu t'en repentiras.

Quand je lus cette phrase pour la première fois, je restai plié en deux de rire. Il n'y avait pas de quoi : la question restait sans réponse. Pourtant, cette non-réponse, de mettre en lumière notre culpabilité latente, était en soi une réponse magistrale. Car l'angoisse, léguée en héritage par notre statut d'êtres parlants, n'est pas un phénomène lié à un instant de notre état particulier : elle est de *structure*...

Comme le *manque*.

Partie intégrante de la chaîne symbolique signifiante d'où nous tirons notre avènement de sujet, angoisse et manque sont notre lot depuis que l'homme parle. Et puisqu'il ne se fonde que du langage, leur béance est donc inévitable à l'ensemble du genre humain : le savoir permet de s'y résigner, l'admettre en allège le poids.

Ainsi l'œil de l'Autre, dans ce qu'il a de destructeur, posé sur nous. Et sa parole aussi, sitôt qu'elle est injuste.

Or, personne ne jouit pour moi, ne souffre pour moi, ne meurt pour moi : pourquoi y ajouter la blessure d'un regard qui condamne, le déchirement d'un mot qui méprise ?

Roi, clochard : entre ce qui est et ce qui pourrait être, la frontière est si fragile qu'un seul instant peut l'abolir.

Comme si chaque action de notre vie se déduisait métaphoriquement de la certitude de notre mort, tout en nous n'est pourtant qu'une quête crispée vers d'autres illusoires *certitudes*, fortune, honneur, positions, pouvoir, qui seront balayées par le jeu des hasards. Le langage à son tour participe au mensonge collectif, pervertissant le sens des mots jusqu'à leur faire dire – qu'est donc une assurance-vie sinon une assurance sur la mort ? – le contraire de ce qu'ils signifient.

Avec Lacan, j'appris à nommer les choses. Ne reculant jamais devant un mot, il m'était difficile, dès lors qu'elle valait la peine d'être défendue au titre d'une éthique, de battre en retraite devant une situation. N'ayant plus peur des mots, comment aurais-je pu craindre les choses ?

Je sais aujourd'hui que, refoulés, les mots, tôt ou tard, fût-ce à l'instant de notre dernier souffle où, en une seule seconde d'intensité, chacun de nous paie en bloc tout ce qu'il lui restait devoir, nous rattrapent et nous percent. Cet homme envié, richissime et célèbre, autour duquel se déployait mon premier roman, et qui, sur son lit de mort, dans un accès de lucidité amère, prononçait sa propre épitaphe : « Finalement, je n'ai été bon qu'à gagner de l'argent. »

Et le vide...

La place du vide, le maniement et le succès du vide.

Le rôle prééminent du vide dans l'articulation de la vie sociale... Idées vides, vide des personnages, des rapports sociaux, des conversations, des débats, vide du discours politique, des idées, des symboles, comment ne pas se poser la question de la *fonction du vide* ?

Pourquoi cette disproportion entre le succès d'une idée, d'un film, d'une mode, de la philosophie du jour ou d'un quelconque écrit par rapport au vide qu'ils véhiculent ?

C'est que leur succès, en ce qu'il est l'un des éléments constitutifs de la psyché où le rattache ce qui le lie à l'ombre de la castration, ne vient, précisément, que de ce vide – *là où il devrait y avoir quelque chose, il n'y a rien.*

Veut-on l'exorciser, on y retombe. Car le *vide de structure* se doit d'être masqué par une multitude de *structures du vide*, emplies de vide elles aussi, dont la logique la plus mortelle, révélant *après coup* la faille originelle qui en est la cause, sera de *sauter dans le vide*.

Je venais d'entrer dans la dixième année de mon analyse.

Avec le recul, le dire me fait sourire pour l'inévitable question que provoque l'aveu : « Dix ans... Comment est-ce possible ? » Je serais moi-même incapable de l'expliquer.

Simplement, je ne les ai pas vus passer.

D'autant qu'il n'y avait pas antinomie entre mes visites chez Lacan et la vie « normale » : j'aimais et je travaillais comme tout le monde, *et* il y avait Lacan.

Je ne m'étais jamais posé la question de savoir combien de temps durerait le travail que j'avais entrepris sous sa tutelle. Dans l'intervalle, bien que mon état civil eût pris dix ans, je me sentais plus jeune. Et plus vieux aussi. Curieux mélange où se chevauchaient les temps de l'enfance et de l'homme. Dans mon rapport avec Lacan, les tensions s'étaient apaisées. Plus de drames. Ne restait que mon désir de savoir qui m'entraînait, comme dans *Les Mille et Une Nuits*, d'une heure à l'autre, d'un jour à l'autre, d'un siècle à l'autre. Entre-temps, imperceptiblement, mes centres d'intérêt s'étaient modifiés. Je ne regrettais rien de ce que j'avais vécu, mais j'aurais été incapable de le revivre. Je n'aimais plus ce que j'aimais et, étrangement, dès lors qu'ils me faisaient moins peur, mieux me connaître m'avait rendu plus curieux des autres, plus ouvert, plus indulgent à l'égard de la bêtise – il n'y a pas de malentendus, il n'y a que des malentendants.

Je savais aussi, parce qu'il ne se perd ni ne se fane, qu'il n'y a de vrai *pouvoir* que le talent.

J'avais également inversé certaines propositions dont le mensonge social, l'usage collectif, l'éducation et la culture nous laissent à penser que leur ordre est immuable.

Je veux dire qu'au lieu d'assujettir mes désirs à mes moyens, décidé à en payer le prix, j'avais trouvé préférable de me *créer les moyens de mes désirs* – partir du désir pour multiplier sa vie plutôt qu'ajuster ses désirs en les limitant au *donné* de la vie. Fallait-il encore que j'eusse appris que le but du désir n'est pas de combler le manque, mais, au contraire, que le manque est cause du désir.

ÉTHIQUE

Le sachant, pourquoi ne pas essayer de le vivre ? A de rares concessions près faites à l'amitié, au devoir ou à la nécessité, il est assez exceptionnel que je ne sois pas bien là où je suis. Pour une raison très simple : si c'était le cas, je serais déjà ailleurs.

Même chose pour toute action en cours – comment pourrais-je m'en plaindre puisque j'ai choisi de m'y consacrer – ou pour ceux avec qui je me trouve – n'eussé-je envie d'être avec eux, je respirerais avec quelqu'un d'autre.

En dehors de la parole donnée qui me cloue, à supposer que je séjourne à Dublin et que le mot Pacifique me vienne aux lèvres, le temps de le formuler, je suis déjà dans un taxi qui m'emmène à l'aéroport. Logique d'une éthique où de pouvoir parfois transformer ses désirs en réalité immédiate n'exclut nullement que le réel, à son tour, ne vous désigne comme victime et ne se mue en cauchemar.

Entre *choisi* et *subi*, toute la différence est là.

On aura compris que l'analyse, de ce qui est *évitable*, conduit à en *subir* le moins possible.

Restent les chagrins, les deuils, les accidents de parcours.

Reste la pluie. Reste la mort et reste la parole.

« Rien ne perturbe si on en parle », a dit Françoise Dolto, presque en écho au « Plus vous serez ignoble, mieux ça ira » de Lacan. L'ignoble, précisément, c'est de ne pas en parler.

Au point que le seul regret que je formule est de l'ordre du langage : à ceux que j'aimais, alors qu'à chaque instant la mort nous emporte, ne pas leur avoir assez dit que je les aimais.

En cours d'écriture, un ami a lu quelques-unes de ces pages.

Il s'est étonné que j'y parle parfois de la mort.

Mais, lorsqu'on aime vivre, comment la passer sous silence alors que sa négation équivaut à la négation de la vie ?

En ce qu'elle la place sous le signe de la limite, elle en fixe le prix et donne son poids à la jouissance, ce morceau d'intensité arraché à la mort, et à l'art, l'énigmatique part d'éternité qu'on lui vole.

J'ai vécu chaque jour de ma vie comme si j'allais mourir dans cinq minutes.

Je continue.

Amoureux des vertus de l'excès, je cultive, heurs et malheurs, le déséquilibre, sachant très bien que le juste milieu ne se trouve pas au centre, mais *à côté, en marge*, là où, rien n'étant écrit, chacun, s'il le souhaite et s'il le peut, peut inscrire dans la langue de son désir ce qu'il lui plaît de son histoire.

Toute stratégie fige, rien n'enchante de ce qui est prévu et je n'ai eu de cesse, sitôt que j'étais sur orbite, que de m'en évader pour casser mes certitudes.

—Vous avez bien raison, disait Lacan.

Rien, dans le calme de son cabinet, ne laissait deviner les luttes qu'il menait à l'extérieur pour juguler l'assaut des nains auxquels son génie faisait trop d'ombre.

Un jour, des circonstances extérieures liées à ma vie privée me contraignirent à précipiter un voyage.

Comme à l'ordinaire, je n'avais rien prévu. Pourtant, lorsque je fus en sa présence, je lui annonçai que je le reverrais le lendemain mais qu'ensuite je ne reviendrais plus.

Il sembla aussi étonné de me l'entendre dire que moi-même de l'avoir formulé. Je suis sûr que nous étions tristes.

ÉTHIQUE

Nous nous regardâmes longuement. Je n'avais rien à ajouter. Il ne fit aucun commentaire.
L'histoire d'amour se terminait.
A l'issue d'une traversée qui avait duré dix ans, le passeur avait amené le passant-passager sain et sauf sur une rive autre.
Le lendemain, c'était le jour de la dernière fois.
Le sentiment qui m'agitait était fait à la fois d'affection et de *détachement* : alors que je l'ignorais trois jours plus tôt, je *savais* que je n'avais plus rien à faire ici.
Lacan me serra la main. La porte se referma.
Je ne devais jamais le revoir.
En sortant dans la cour, reconnaissables à leur regard qui ne captait rien du visible, je croisai deux analysants qui montaient chez lui avec des airs furtifs.
Le marronnier avait grandi. On était en hiver. Je me retrouvai rue de Lille.
Plusieurs saisons s'écoulèrent...
Un matin, dans ma maison d'Irlande, je fus réveillé par celle qui partageait ma vie.
– Je viens d'écouter la radio, me dit-elle. Lacan est mort.
Couvertes de fougères mauves, les collines du Wicklow étalaient sous mes yeux leurs rondeurs douces.
Je descendis, cassai quelques branches d'acacia et les tendis aux biches qui paissaient dans un enclos.
Je n'avais plus qu'à m'installer dans le provisoire que j'avais construit.
Jusqu'à ce que la mort m'en chasse.

Table des matières

I.	Pacifique.......................	11
II.	Généalogique....................	27
III.	Alphabétique....................	49
IV.	Anecdotique.....................	91
V.	Dialectique.....................	135
VI.	Maïeutique......................	177
VII.	Éthique.........................	207

*Cet ouvrage a été réalisé sur
Système Cameron
par la* SOCIÉTÉ NOUVELLE FIRMIN-DIDOT
*Mesnil-sur-l'Estrée
pour le compte des Éditions Robert Laffont
le 28 septembre 1989*

Imprimé en France
Dépôt légal : septembre 1989
N° d'édition : 32180 — N° d'impression : 13135